Laeticia H.

Au cœur du clan Hallyday

LAURENCE FAVALELLI

Laeticia H.

Au cœur du clan Hallyday

Michel LAFON

À Inès, Basile et Ikel

118, avenue Achille-Peretti – CS 70024
92521 Neuilly-sur-Seine Cedex
www.michel-lafon.com

« Mais c'est la mort qui t'a assassinée, Marcia
C'est la mort qui t'a consumée, Marcia
C'est le cancer que tu as pris sous ton bras
Maintenant, tu es en cendres, en cendres
La mort, c'est comme une chose impossible
Et même à toi qui es forte comme une fusée
Et même à toi qui es la vie même, Marcia
C'est la mort qui t'a emmenée. »

Catherine Charlotte Ringer/
Frédéric Alexis Alphonse Chichin

Prologue

Cette histoire est tout sauf rock'n'roll.

Cette histoire, c'est un conte de fées des temps modernes. C'est aussi un morceau de ma vie. Six années dans la vie des Hallyday. Six années derrière les couvertures de papier glacé.

Souvent, je repense à elle, Laeticia.

Depuis qu'a éclaté la guerre en février 2018, pas un jour sans que le ressac des titres ne nous renvoie à « l'affaire Hallyday » et me renvoie moi, dans le même temps, à tout ce qui a précédé. Impossible d'y échapper, dans les kiosques, sur Instagram, *« Laeticia en guerre contre David et Laura »*, *« Laeticia pleure devant la tombe de Johnny »*, *« Laeticia fait marche arrière et tend la main à David et Laura »*… Je les regarde et partout, entre les lignes, derrière les photos d'archives que je reconnais pour les avoir moi-même souvent sélectionnées, je vois ce qu'on ne voit pas. Je discerne les retouches sur le visage, les formules toutes faites, je la revois, je l'imagine sous ses lunettes miroir dès le matin, à Marnes-la-Coquette, Los Angeles ou ailleurs.

Énigmatique Laeticia qui fait couler tant d'encre, Laeticia qui entretient la flamme, la tombe illuminée de bougies, les paparazzades, la polémique. Laeticia ancrée dans son monde, Laeticia à la tête d'une guerre qui n'était pas la sienne et l'est devenue. Certains l'appellent la gardienne du temple, d'autres en font une veuve noire.

La jolie jeune fille simple et souriante des débuts est devenue la marâtre d'un conte qui ne fait plus rêver et prend le corps social à témoin.

En 1996, Johnny, notre plus grand mythe, notre emblème national, épouse une poupée aux boucles rousses. Vingt-trois ans plus tard, elle en est la seule héritière.

Qui est-elle ?

À moi aussi, la tête me tourne. Je ne peux pas penser à ces six dernières années sans stupeur, sans la sensation à la fois étrange et amère d'avoir vécu l'extérieur de l'intérieur et d'avoir largement participé à la mise en scène du meilleur roman-photo de ces dernières années.

Longtemps je me suis dit que jamais je n'écrirais sur cette histoire, ou alors il faudrait vraiment que je fiche le camp sur la Lune, car elle seule me croirait.

Longtemps je me suis dit que jamais je ne pourrais écrire, car j'ai failli m'y perdre, dans cette histoire qui est à la fois la mienne et celle de tout un pays. Car les Hallyday dont la vie n'est plus un secret pour personne appartiennent à tout le monde. Et puis il y a un moment où dans la vie, quand le rideau tombe, on a besoin de sincérité pour éclairer les faux-semblants et se reconstruire. Seule l'écriture peut aider à se souvenir, à supporter, à comprendre des choses qui ne soient pas le seul résultat d'une narration collective et d'un extraordinaire storytelling qui enchaîne les couvertures, les posts sur Instagram et empêche la pensée.

Pause. Rewind.

Je suis entrée au service des Hallyday en 2012 par mon travail aux côtés de Sébastien Farran, devenu le manager de Johnny, puis en 2015, je suis devenue l'« agent artistique » de Laeticia Hallyday, au départ destinée à aider au développement de « son » association La Bonne Étoile, qui aide les orphelins du Vietnam. Et de son image.

Je venais d'un autre monde, entre enfance corse et adolescence lorraine, et rien ne me prédestinait à épouser la vie des Hallyday, leur tourbillon, l'ascension de Laeticia, encore moins à suivre les derniers jours de Johnny, ces jours de décembre 2017 qui ont secoué tout un pays et fait pleurer les Champs-Élysées.

J'ai plongé dans la vie irréelle de Laeticia. J'ai glissé, au début sans m'en rendre compte, dans ce monde de la notoriété ultime, dans ses joies, ses peines, son merveilleux, ses luttes d'influence, ses amitiés vassales et fluctuantes, ses cruautés, sa tristesse macabre ; j'ai visité ses coulisses médiatiques, celles que l'on ne dit ni ne lit jamais, et j'y ai abondamment participé. Dans les habits de l'agent de star, je me suis mise au service du paroxysme de l'ego, ces ego qui font briller notre monde et nous font tellement envie, j'ai assisté à la fabrique d'une extraordinaire héroïne des temps modernes, une créature oscillant entre le réel et l'imaginaire comme seuls savent en écrire les livres, une créature à la fois consentante et victime d'un système contemporain qui exige l'autofiction et la promotion de soi. J'en ai été fascinée, émue, bouleversée, tous mes sens en ont été chavirés, car avec les Hallyday, tout est puissance 10 000. Le spectacle, la magie, la maladie, l'ombre et la lumière. Johnny mort était un tremblement de terre qui ne pouvait que déstabiliser la pensée, les émotions. L'histoire aurait pu s'arrêter là, elle a continué. Et j'ai voulu mettre sur le papier l'extraordinaire, à tous les sens du terme, car je n'y croyais plus.

Dans ce livre, j'ai cherché l'exactitude de mes émotions, car si les mots se font toujours passer pour la réalité, « la vérité » n'existe pas.

Ce n'est peut-être pas l'histoire officielle, c'en est une autre. Ce n'est plus seulement la mienne, c'est aussi et surtout la nôtre. Et tant pis pour ceux qui disent : « *Ça ne se fait pas.* »

– 1 –

« C’est fini. »

Ce n’était pas un jour pour mourir. Johnny ne devait pas mourir, mon père non plus. Ce soir-là, j’avais quitté Marnes-la-Coquette à peine trois heures plus tôt dans un état de grande confusion. Je partais toujours pour revenir. J’allais puiser chez moi une bouffée de vie, d’enfants, je déposais ma fatigue une nuit, quelques heures, et je retournais attendre la mort de l’idole, cette mort qui me paniquait et faisait remonter en moi tant de choses enfouies, mélangées. Je ne voulais pas voir Johnny mort, un point c’est tout.

Le film se finissait, la télévision bourdonnait dans mes oreilles, je m’endormais sur le canapé quand mon téléphone portable a sonné. Hélène Darroze.

Trois mots.

« *C’est fini.* »

Elle a raccroché.

Tel un automate, j'ai reposé le téléphone sur le canapé, Ikel, mon compagnon, qui s'apprêtait à aller se coucher, est revenu sur ses pas pour me serrer longuement contre lui, j'ai pris le pull gris que j'avais enlevé et posé sur la chaise, je l'ai remis, j'ai enfilé ma veste, j'ai cherché les clés de la voiture, je suis allée réveiller ma mère qui était déjà au lit : « *Il vient de mourir.* » Et j'ai envoyé un message à Hélène à 22 h 34 : « *Je pars maintenant.* »

Paris est désert, cette nuit. Ikel au volant, nous filons sous les lampadaires, porte de Clignancourt, porte de Clichy, la Défense illuminée, l'embranchement pour l'A13... Les feux des voitures brillent par intermittence, Ikel écrase l'accélérateur, pas un bruit dans le noir. J'appelle une amie de Laeticia, sur répondeur, elle dort, forcément. Je pianote encore sur mon téléphone à l'infini, je le regarde fixement comme s'il allait sonner de nouveau et me dire que ce n'est pas vrai, Johnny n'est pas mort, quand je l'ai quitté il était vivant ! Brouillard d'images, de sentiments. Derrière le pare-brise, la lune éclaire le front d'Ikel qui ne dit rien, je repense à mes morts, à eux que j'avais tassés si profond au fond de moi et que j'étais sûre de ne jamais revoir, mon père qui m'a laissée orpheline un jour d'été, je pense au corps qui reste, à l'âme qui part. J'ai tellement refoulé ce que je m'apprête à vivre.

Nous arrivons les premiers là-bas. Les grands arbres du parc privé de Marnes-la-Coquette se dessinent dans l'ombre, Ikel s'arrête devant le portail. Je sonne à l'Interphone. Une voix me répond, la grand-mère de Laeticia, Elyette Boudou, qu'on surnomme Mamie Rock :

« *C'est qui ?*

– *C'est moi.*

– *Mais qu'est-ce que tu veux ?*

– *Ouvrez la porte.* »

Derrière, j'entends Carl, le chauffeur de Laeticia, qui la repousse. Le portail s'ouvre, nous remontons l'allée qui grimpe en lacet jusqu'en haut du parc et dessert de lourdes bâtisses appartenant pour la plupart à des propriétaires des émirats. La maison de Johnny, « La Savannah », est l'une des dernières. Nous voilà devant le portail noir. Ikel me dépose devant le perron en gravier, repart dans la nuit. Carl entrebâille la porte. Je fonce tout droit dans le salon.

Laeticia est allongée sur le canapé et Hélène, tout contre elle, lui tient les mains. Elle pleure, fort, la poitrine saccadée, répète : « *Ce n'est pas possible.* » Face à eux, sur un autre canapé, Françoise, la mère de Laeticia, Jean-François Piège, le chef étoilé, et sa femme Élodie, grands amis des Hallyday, sont assis, médusés.

Derrière nous, de l'autre côté du vestibule, il y a le bureau où est installé Johnny depuis sa dernière hospitalisation. En entrant, je suis passée devant, j'ai vu que la porte était fermée. Impossible à présent de me retourner. Je ne veux rien voir tant j'ai peur de l'image.

Les pleurs de Laeticia, plus rauques, grossissent à mon oreille, ils enflent comme un roulement de cailloux dévalant la montagne. Son monde, ce qui la tenait depuis plus de vingt ans, vient de s'écrouler.

Que puis-je faire ? Je suis pétrifiée. Je vais aller m'asseoir à côté d'elle et lui prendre la main, moi aussi. Je m'avance de quelques pas quand tout à coup Mamie Rock pousse un cri dans mon dos :

« *Mais donne-moi mon téléphone !* »

Carl déboule à son tour : « *Non, je l'ai caché !* »

Je sors de ma bulle, je remonte à la surface. Ils ont pris le téléphone de la grand-mère pour être sûrs qu'elle n'envoie aucun message comme elle le fait toujours, qu'il n'y ait aucune fuite. Johnny Hallyday vient de mourir et la France ne le sait pas, pas encore.

Carl et la grand-mère s'écharpent, Laeticia ne semble pas entendre ce qui se passe. Sa mère, Élodie et Jean-François observent la scène sans rien dire. Ils ne savent que faire, eux non plus. Ils ont participé au dîner du soir dans la cuisine qui en a conservé l'odeur, c'est que rien n'annonçait ce qui allait se passer, c'est que tout était normal.

Des pas pressés dans le vestibule, un souffle court. Enfin, Sébastien Farran, le manager de

Johnny, celui qui m'a embarquée dans toute cette histoire, arrive. Il est terriblement touché, lui aussi. Il adorait Johnny. Il commence à me parler quand Carl nous interrompt :

« *Tu as oublié Ikel, il est planté au portail !* »

Non ! En effet, j'ai oublié de dire à Ikel à quel Interphone sonner pour ressortir du parc, il n'y a évidemment pas écrit « Hallyday ». Il attend en bas depuis vingt minutes, dans le froid glacial de ce mois de décembre.

Laeticia continue de répéter que ce n'est pas possible. Elle pleure comme si elle avait perdu un enfant. Il faut réagir à sa place. Je demande où est David Khayat, l'oncologue qui suit Johnny depuis le début de la maladie. Dans le bureau, il n'y a que l'infirmière et un autre médecin qui passe le soir. On me dit que David Khayat est en province, « *il arrive* ». Derrière, Carl est toujours en boucle sur la grand-mère, « *Il ne faut pas qu'elle envoie des messages !* » Cette peur, toujours, qu'elle fasse fuiter l'information jusqu'à ce qu'elle devienne officielle et s'étale partout, sur toutes les ondes, les télévisions, dans tous les tuyaux. Parce que cette mort-là, évidemment, n'est pas et ne doit pas être comme les autres. Comment la dire ? Comment la formuler ? Il n'y a que dans les familles publiques que la question se pose. Le défunt a à peine eu le temps de s'envoler qu'il faut orchestrer son adieu, graver son épitaphe. « *C'est comme ça* », me dira souvent Sébastien, toujours plus réaliste que moi. C'est Johnny. Il avait raison.

Trois semaines plus tôt, Laeticia, lui et moi en avions d'ailleurs parlé alors que nous étions dans la chambre attenante à celle de Johnny, hospitalisé à la clinique Bizet, à Paris. Il fallait bien évoquer le moment, il finirait par arriver. Sébastien, dans son rôle, s'était tourné vers Laeticia et lui avait dit : « *Il faudra que l'annonce soit faite par toi.* » Laeticia et personne d'autre.

Nous y sommes. Sébastien me réveille de ma torpeur : Nadège, sa femme, est en train d'écrire le communiqué, il va me l'envoyer.

À 23 h 50, je lis le communiqué de Nadège dans le vestibule. Ses mots sont beaux, justes.

« *Johnny Hallyday est parti. Jean-Philippe Smet est décédé dans la nuit du 5 décembre 2017. J'écris ces mots sans y croire. Et pourtant, mon homme n'est plus.* »

Nous le relisons dix fois avec Hélène Darroze, nous remplaçons quelques mots pour les remettre dans la bouche de Laeticia qui ne dit jamais « mon mari » mais « mon homme » et c'est alors que l'infirmière, tendue, apparaît à la porte de la cuisine pour nous demander où nous en sommes. Elle est seule, il va falloir appeler quelqu'un.

Appeler qui ? Les pompes funèbres ? Lesquelles ? Comment ça ? Les pompiers ? Une ambulance ? Appeler les pompiers, c'est prendre le risque qu'ils accourent avec l'AFP aux trousses ! Ou même après les journalistes ! Avec Sébastien, nous nous regardons, désorientés. Personne ici ne s'est jamais posé la question. Est-ce qu'Ardavan Amir-Aslani, l'avocat de Laeticia et Johnny, aurait dit à l'un d'entre nous : « *Quand ça arrivera, il faut appeler untel* » ? Aucun souvenir.

Mamie Rock s'en mêle. Et Sébastien finit par appeler David Khayat qui est sur la route et lui suggère de joindre l'Élysée. Mais parmi nous, personne n'a le numéro du président de la République. Peut-être Mimi Marchand ? Elle l'a, elle, bien entendu. Mimi, qui veille depuis des années sur la communication people des Hallyday ainsi que sur celle de bien des puissants, dont les Macron, Mimi, la grande prêtresse de l'agence de presse Bestimage, la gardienne des paparazzis, des secrets d'alcôve et des rumeurs qui font trembler la France. Mais à cette heure-là, en pleine nuit, pas question de l'appeler et de risquer des fuites. Amie sincère de Johnny qu'elle appelle « le Patron », elle y est en plus très attachée et sera choquée de l'apprendre. Non, le numéro de Brigitte, il y en a une seule qui l'a, c'est Laeticia.

Laeticia est montée à l'étage où les filles dorment encore. Cette nuit-là, Jade et Joy sommeillent dans la chambre de leurs parents, en haut. Laeticia s'est réfugiée dans la chambre de Jade, tétanisée. Elle recule le moment de le dire aux filles, elle ne peut pas.

Doucement, je m'avance pour lui demander le numéro de Brigitte Macron.

Il est environ 2 heures du matin quand Laeticia l'appelle. La femme du président décroche du premier coup, écoute, attentive, touchée, Laeticia lui passe Sébastien pour qu'il puisse formuler notre requête, Brigitte Macron l'aiguille vers un membre de l'Élysée qui nous orientera vers les pompes funèbres du mont Valérien, puis nous recommande d'appeler dans la foulée l'AFP. Dans mon esprit, tout s'enchaîne ensuite en l'espace de quelques minutes. David Khayat arrive ; des hommes venus en voiture banalisée sonnent à la porte ; David Khayat demande à Laeticia si elle veut voir Johnny. Elle ne l'a pas encore vu.

Johnny s'est éteint vers 22 heures, pendant le dîner du soir. Il est mort dans le bureau, entouré de Dada, son fidèle coach sportif, son ami de toujours, et de l'infirmière, porte fermée.

Quand la réalité est trop dure, il n'en reste souvent que la sensation et je n'ai jamais connu de nuit plus longue, plus froide.

Je me retrouve dans le dressing derrière Laeticia et Hélène à choisir une chemise noire et un pantalon noir qu'il aimait, je parcours encore et encore le communiqué, je le fais relire à Laeticia, elle pleure en le lisant, à 2 h 27, je le renvoie à Sébastien qui appelle l'AFP en précisant que le communiqué doit absolument être signé par Laeticia.

« C'est fini. »

Puis il faut encore prévenir les proches – David et Laura, eux, ont été avertis avant mon arrivée. Anne Marcassus, Jean-Claude Darmon, les copains motards, Philippe Fatien, Pierre Billon, Claude Bouillon, Marie Poniatowski, Maxim Nucci… La tristesse se répand. À 2 h 44, l'AFP diffuse son premier flash. Et la presse commence à s'emparer de la mort de Johnny Hallyday.

– 2 –

Monstre sacré

Au commencement de toute cette histoire, il y a une rencontre dans la loge de JoeyStarr sous un brouillard de pétards après un concert démoniaque à l'Olympia. Quelques jours auparavant, dans mon bureau de la société Lickshot, à Paris, j'avais décroché le téléphone : « *Nous cherchons à joindre Sébastien Farran, c'est pour Johnny Hallyday.* » Au bout du fil, une voix féminine, Ségolène Dugué, la directrice générale du cabinet d'Ardavan Amir-Aslani, l'avocat des Hallyday. Pour la première fois de sa vie, Johnny, qui avait du mal à se relancer depuis son hospitalisation en 2009, cherchait un manager et Yarol Poupaud, le directeur musical de ses dernières tournées, lui avait suggéré le nom de Sébastien avec lequel je travaillais depuis six ans. Johnny ? Impossible d'y croire. Une blague, forcément.

Ségolène Dugué rappelle, et rappelle encore. Au troisième message, Sébastien me dit : « *Ils veulent vraiment me rencontrer et vite.* » Il s'avère que JoeyStarr, dont il gère la carrière depuis des années, joue l'un de ces soirs-là à l'Olympia. Autant entrer d'emblée dans le vif du sujet. Sébastien convie donc Ségolène Dugué à venir le voir directement là-bas.

C'est chaud. Joey rugit du fond de la scène. Gros son caribéen, les DJ aux manettes, Joey, ruisselant, galvanise la foule, ça danse, ça saute dans tous les sens, il fait une chaleur de hammam. Une transe délirante, ingérable. Au premier rang du balcon où je l'ai placée non loin de la mère de Joey et de toute sa bande, Ségolène Dugué, en jupe crayon et semi-talons d'hôtesse de l'air, ne montre même pas qu'elle a trop chaud. Elle a sûrement mal aux tympans, comme tout le monde. C'est le but de JoeyStarr, mon héros sur la scène, envoyer la salle à Mach 2 dans la perspective d'un crash collectif. On est loin de l'Iran et des conversations feutrées des cabinets d'avocats.

Le concert fini, Joey se balade dans les couloirs en slip blanc, transpirant. Nous lui présentons Ségolène dans les vapeurs d'alcool, il vient lui serrer la main avant de repartir dans sa ronde. Sur le coup, Ségolène ne sait que dire. Mais une poignée de jours plus tard, Sébastien est dans l'avion pour Los Angeles. La rencontre a porté ses fruits.

Avant de décoller, appel de Sébastien :

« *Je me demande ce que je fous là…*

– Attends, c'est une aventure folle, c'est Johnny, quand même, ça va peut-être changer ta vie et la mienne ! »

Pour avoir travaillé dans la musique depuis vingt ans, Johnny, je ne l'ai pourtant encore jamais vu, ni en vrai ni en concert. La variété, je ne connais pas, je n'évolue que dans le milieu bitumé et fermé du rap, du reggae et du hip-hop, les Jamaïcains, Morgan Heritage, Burning Spear, NTM... Pas le même monde.

Le lendemain de son arrivée, Sébastien me rappelle. Je connais bien son débit mitraillette dont je perçois toute l'excitation : « *Je me suis retrouvé dans le salon d'un mec que j'ai l'impression de connaître depuis dix ans !* » Dans la cité des Anges, tout s'est passé comme dans un bon *Hollywood Stories*. Je ne suis pas étonnée, Sébastien est d'un abord facile, chaleureux, sensible, séduisant avec les hommes comme avec les femmes. Il marche au challenge et à la prise de risque, Seb, et cette rencontre lui donne une impulsion folle, elle va le propulser sur une autre planète. Car Johnny l'a tout de suite adopté tel un fils spirituel. Il adore le côté un peu fou et téméraire du garçon, fidèle, optimiste invétéré, qui n'a peur de rien et « gère » le sulfureux JoeyStarr depuis vingt ans, ses grandes réussites, ses grands moments de désespoir, ses emmerdes avec la justice, les concerts annulés et tout ce qui s'ensuit. Johnny n'est évidemment pas sans connaître toutes ces tribulations. Lui, le phénix, voit le manager toujours debout, courageux. Il lui serre la main.

Ensuite, je me souviens que tout s'est emballé à la vitesse du son : je me retrouve embarquée dans le début de la tournée du Born Rocker Tour, une soixantaine de dates aux quatre coins du monde, tout au long de l'année, trois soirs au Stade de France en juin. Sébastien me dit : « *J'ai besoin de toi, il faut que tu m'assistes sur le suivi promo et les concerts.* » Je pars donc rejoindre Johnny en résidence à Montpellier en mai 2012. Johnny, je ne l'ai rencontré qu'une seule fois au préalable, à Paris, dans sa loge à La Plaine Saint-Denis. Il chantait dans une émission de télévision et Sébastien a fait les présentations.

C'est un samedi après-midi, la star doit enregistrer sa prestation pour l'émission du soir. Les gardes du corps me font signe d'entrer. Derrière Seb, je m'avance timidement sur le seuil de la loge, la gorge asséchée par l'adrénaline.

Il est assis sur son fauteuil, face au miroir. Il est beau, encore plus beau que ce que je m'étais imaginé après avoir vu, comme tous les Français, les images de lui en fauteuil roulant, en 2009. Il est habillé comme il l'est dans notre mémoire, sur les couvertures des journaux, dans un stade ou sur un plateau éclairé de projecteurs, en pantalon de cuir et T-shirt noirs, peau tatouée, bagues aux doigts, crucifix en pendentif. Il se lève. On dirait un géant. Il est debout face à moi, marmonne un bonjour. Il me fixe de son regard fou. J'ai l'impression d'être transpercée, l'impression, étrange, qu'on ne peut pas leur mentir, à ces yeux. Impression paradoxale, car je me rendrai compte plus tard, à force de le voir dans des mondanités et des conversations polies, que si Johnny est là, il n'écoute pas, il peut se foutre de tout ce qu'on lui dit, il est ailleurs.

Il n'a toujours pas lâché un mot. Je sens en lui une forme de timidité. Il use manifestement de sa prestance, de cette présence qui envahit toute la pièce, pour y pallier. Je reste moi aussi muette. Je me sens terriblement gênée. J'ai reçu une décharge de 100 000 volts dans les veines.

Entre Laeticia. Elle aussi je la vois pour la première fois. Elle me regarde droit au fond des yeux comme si ses pupilles allaient entrer dans les miennes, m'embrasse, je la sens tout de suite très près de moi, même si elle me vouvoie. Elle me paraît immense dans son costume d'homme noir. Elle n'est pas grande, mais toujours juchée sur des talons vertigineux, aiguilles ou compensés. Un carré sage, lissé, blond cendré, encadre un visage de poupée aux traits que l'on pourrait croire dessinés à l'encre de Chine. Elle est vraiment très jolie. Une peau diaphane où palpitent de fines veines, de grands yeux verts. Dans mon for intérieur, je me remémore la femme-enfant du mariage de Neuilly, les bouclettes retombant sur les joues à peine sorties de l'adolescence, ce sourire rond comme un soleil qui a sans doute attiré Johnny alors au fond du trou, dix-sept ans plus tôt. Depuis, il a failli mourir, est ressuscité, ils ont adopté la famille qu'ils n'ont pu avoir, elle a connu mille vies dans son ombre là où nous n'en vivons tous qu'une. Je les observe sortis du cadre, lui et elle, elle et lui, couple aussi évident qu'étrange, elle d'un magnétisme travaillé, lui, bestial.

Papillon enfantin et gracieux, elle tourbillonne autour de lui et des gens qui font la queue devant la loge pour le voir, bavarde avec Anne Marcassus, la productrice de télévision qui connaît tout Paris, grande amie du couple, elle parle pour deux, sans doute aussi pour combler les silences de la star. Soucieuse de lui rendre la chaleur qu'elle me prodigue, je me détends un peu, sans mesurer encore l'importance qu'elle a dans l'histoire.

J'ai une envie furieuse de tousser, littéralement asphyxiée sous le nuage de fumée sans filtre qui flotte dans la loge. Johnny tire sur sa Gitane. Je ressentirai souvent cette sensation d'étouffement, par la suite. Johnny fait partie de ces gens qui n'aèrent jamais de peur des courants d'air.

Sébastien et Johnny reprennent leur conversation de mecs à coups de vannes potaches et scabreuses. À l'évidence, Seb utilise les mêmes ficelles qu'avec Joey, je sens que je peux me retrouver téléportée dans le même schéma, avec un Johnny plus âgé, mais moins accessible. Lui ne va pas se mettre à m'appeler la nuit, c'est sûr, mais ce dans quoi je plonge va sans doute s'appeler un sacerdoce. Une prison dorée. Comme avec les enfants, on doit se sauver pour aller aux toilettes ou faire une course. On ne vit plus, sauf pour eux.

Sébastien me prend à partie dans leurs blagues, sa façon à lui de m'introduire, de m'associer dans ce tandem que Johnny verra toujours par la suite comme indissociable, je ne peux rêver mieux. Je viens d'entrer de plain-pied dans la vie des Hallyday. Et je vais voir Johnny chanter pour la première fois à trois mètres de moi, des coulisses.

Florent Pagny arrive en riant, il dit qu'il doit se chauffer un peu la voix parce qu'il a toujours la trouille de chanter avec Johnny. Un duo avec lui, on est rarement à l'aise, c'est un peu comme un cent mètres, il faut décoller à la seconde. « *Mais non !* », rugit Johnny pour le rassurer alors qu'en réalité, le compétiteur, la bête de scène va tout faire pour déstabiliser l'autre, ça l'amuse, c'est de bonne guerre. Florent Pagny démarre, Johnny envoie. Sa voix est d'une puissance de feu. Je n'ai jamais rien entendu de tel.

Je me le dirai à chaque fois que je le verrai sur scène ou sur un plateau télé où, bien souvent, la technique est obligée de monter la voix de l'autre chanteur pour qu'elle ne se fasse pas dévorer par le coffre de Johnny. Joey et lui se ressemblent un peu, cinq minutes avant, on peut avoir l'impression qu'ils sont à l'envers, qu'ils ne vont pas y arriver, et puis ils y vont. Et le public s'envole avec eux.

La seule fois où j'ai été autant impressionnée, c'est lors du duo télévisé de Johnny et de Céline

Dion qui enregistraient « L'amour peut prendre froid » pour une émission de Daniela Lumbroso. Vocalement parlant, elle seule pouvait rivaliser avec lui.

Je l'ai vue arriver maquillée, brushée, en pantalon de cuir, suivie de René, de son photographe et de toute une armada à l'américaine. Elle est entrée dans la loge de Johnny pour lui dire bonjour, elle l'a embrassé, « *Mon Johnny !* », grand sourire, adorable, parfaite avec tout le monde, faisant le show même en serrant les mains, sans trop parler pour ne pas s'user la voix. Et puis elle a pris le micro, lui aussi. Et BANG ! On en voit qui rament en répétant avant l'entrée en scène ou qui sortent tout leur ego trip avant leur talent et on se dit qu'entre eux et pareils artistes, la différence de niveau est tout simplement époustouflante. Jamais ils ne donnent l'impression de forcer, une respiration leur suffit pour aller chercher au fond d'eux-mêmes des notes phénoménales. En deux secondes, la chanson était dans la boîte. Et les deux étoiles ont chacune repris leur route avec chauffeur pour filer à travers d'autres cieux.

Montpellier, mai 2012, démarrage de la tournée. Sébastien est déjà là quand j'arrive au Sofitel, un immense immeuble de verre avec piscine turquoise sur le toit. C'est là que je fais la connaissance de la famille de Laeticia, Françoise, la mère, Mamie Rock, la grand-mère, Sylviane, la nounou dite « Syl », qui était la femme de l'oncle paternel de Laeticia, les deux filles, Jade et Joy, toutes mignonnes, très polies, discrètes sous leurs vêtements lookés. Le Cap d'Agde et son petit port ne sont pas loin. Mamie Rock arbore du vernis rose sur ses ongles arrondis, parle beaucoup, donne son avis sur tout et rien. Tout autour, je fais la connaissance d'autres gens, des photographes, des attachés de presse, des gardes du corps que je ne reverrai pas à la fin de la tournée, car certains ne vont pas tarder à sauter. L'arrivée de Sébastien a ouvert une nouvelle ère et comme à chaque fois, comme aujourd'hui après la mort de Johnny, des changements s'opèrent dans les entourages.

Je viens de débarquer dans un grand théâtre dont je suis encore loin d'avoir tous les codes, où chacun joue sa place à la droite de Laeticia à table, où des pions s'avancent tandis que d'autres reculent. Pour laisser Sébastien faire son boulot, je prends la roue d'Anne-Sophie Aparis, l'attachée de presse historique de Gad Elmaleh, de Laurent Ruquier et à l'époque de Cyril Hanouna. Je la connais encore peu, elle me fait l'effet d'un petit ouragan à l'humour décapant. C'est elle qui a géré la crise post-2009 quand Johnny a failli perdre la vie et elle a réussi, vu l'insondable difficulté du moment.

Laeticia, je la vois cette fois dans un rôle d'hôtesse d'accueil. Au restaurant, au petit déjeuner, elle reçoit, gentille, toujours souriante, pendant que Johnny est dans sa chambre. Johnny n'est pas dans les mondanités, il dort le plus possible, se lève le plus tard possible. Sébastien fait des allers-retours dans sa suite, lui peut aller y bavarder avec le rocker, moi non, ce n'est pas ma place. Le job démarre comme ça, chacun dans son rôle, Sébastien fait la coordination générale, je suis son couteau suisse, « Anne-So » est à la promo. Et je vais bientôt comprendre l'impact de Mimi Marchand.

Elle est là, Mimi, elle ne dort pas dans le même hôtel que nous, mais elle est omniprésente. Je l'avais croisée pour la première fois sur un plateau télévisé. Avec son air de baroudeuse, je l'avais prise pour une vieille routarde de maison de disques ou une attachée de presse un peu old school. Elle fumait dans les couloirs, elle ne s'était pas présentée à moi en tant que telle, la patronne de Bestimage, la plus grosse agence de photos du pays qui alimente toute la presse people en clichés, volés ou non, puisque tout le monde est censé le savoir. Moi qui ne venais pas de ce monde et faisais la vie à Joey pour qu'il accepte de se couler dans le grand jeu de la promo, je m'étais dit : « *C'est qui ?* »

Époque JoeyStarr des années 2000, quand nous faisions un concert au Parc des Princes, nous accréditions toutes les agences, c'est-à-dire Getty, Bestimage, l'agence de Mimi, et toutes celles qui en faisaient la demande, mais sans plus, parce que Joey voulait tout sauf terminer dans *Gala* ou *Voici*. Aucun photographe n'était accrédité en loge, aucune photo de NTM n'était retouchée.

Qu'ils soient transpirants en gros plan nous paraissait logique, on n'allait pas leur faire le front lisse. Joey était littéralement allergique à tout ce jeu, ce qui me rendait la tâche hautement difficile. Surtout, avec Sébastien, nous menions une guerre impitoyable aux paparazzis, c'est d'ailleurs lui qui me l'a appris. Quand les gardes du corps arrivaient, les types couraient de peur de se faire défoncer.

Là, tout à coup, j'entre dans un autre monde où il faut sourire à tous ces gens. J'ai vaguement compris qui est Mimi Marchand, mais je suis toujours à deux doigts de ne pas lui adresser la parole. C'est Anne-So qui me pousse gentiment du coude : « *Ah non, là, tu n'as pas compris, c'est dans l'autre sens, on en a besoin.* »

Mimi a demandé le monopole de la photo, elle l'a eu. La taulière, c'est elle. Tous les photographes présents travaillent pour elle. Ils sont répartis dans tous les angles de la scène et shootent à une certaine distance, à la console, en milieu de fosse, à côté de l'ingénieur technique, car ils ont interdiction de prendre des photos de trop près. Dans un coin de la salle de concert, pendant que l'idole allume le feu, j'apprends alors l'exercice que je vais reconduire des milliers de fois. Je prends le photographe à part, il me montre son appareil et je sabre les photos que je juge trop moches ou peu dignes d'être montrées pour ne garder que celles qui iront à la retouche. Reste encore la phase de validation.

Dans le catering, l'espèce de cantine derrière les loges, tous les photographes, qui sont descendus avant la fin du concert puisqu'ils ne sont autorisés qu'à shooter les trois premières chansons, ont mis leurs photos sur ordinateur. Là, sous les néons, avec Anne-So, je fais défiler les clichés sélectionnés. Par dizaines, par centaines. Certaines retouches sont faites à ce moment-là, pour d'autres, nous envoyons des photos à quelqu'un de Bestimage qui nous les renvoie. La mission : rajeunir Johnny. Nous ne faisons pas qu'enlever le maquillage qui coule ou le cheveu hirsute, nous gommons les stigmates du vieillissement. Quand Laeticia arrive à la fin du concert, elle en demande toujours plus. Elle voudrait enlever toutes les rides, transformer l'idole qui s'use en poupée de cire. « *Il faut absolument retravailler ça.* » L'un des premiers objectifs de Sébastien, justement, sera de réduire la retouche parce que Johnny est un artiste époustouflant, il est grand, beau, criant d'honnêteté, pourquoi mentir ? Laeticia est ravie de ce nouveau souffle, mais il faut quand même retravailler… Alors je retravaille et Mimi Marchand, pendant ce temps, fait des allées et venues, s'agite, crie comme une charretière, intrigue pour faire passer des photos que j'ai écartées car je ne les juge pas assez bien, je comprendrai plus tard pourquoi en l'entendant dire par exemple à tel journaliste : « *J'ai la tof (photo) avec untel dans les gradins.* » Et elle pèse de tout son poids jusqu'à ce que nous la validions…

Je me sens stressée, déroutée. La méthode Sébastien, c'est le lâcher dans l'arène. Je mesure le poids de sa confiance, mais j'apprends sur le tas, empêtrée que je suis dans mes anciens réflexes avec JoeyStarr. Avec lui, pas question de dire que telle star était venue à son spectacle. Mimi, elle, veut absolument savoir si telle célébrité est dans l'assistance pour pouvoir appeler les journaux people et leur balancer l'info. Elle le fait elle-même, elle a le lien avec tout le monde, *Paris Match*, *Gala*, *Closer*. Il n'y a guère que *Voici* sur lequel elle se récrie : « *Ce n'est pas moi !* » J'en doute fortement. Plus d'une fois, j'ai été surprise de retrouver dans *Voici* une information précise que je lui avais donnée. Officiellement, il faut bien des gens avec lesquels on ne travaille pas.

Pendant qu'à chaque concert je finis au milieu de la nuit les pupilles ruinées, dans les gradins, la foule, elle, n'a d'yeux que pour l'idole des jeunes, à l'instar de Laeticia qui ne manque aucune date. Le rituel est toujours le même. Elle embrasse son mari, la sécurité l'accompagne à sa place toujours choisie de manière à ce que tout le monde la voie, elle s'installe juste avant le « noir salle », salue les gens et tout s'éteint. Son arrivée donne le coup d'envoi du spectacle.

Les fins de concert donnent lieu au même cérémonial. Laeticia se lève avant le dernier morceau parce qu'elle veut être là quand son homme quitte la scène pour l'accueillir quand on lui met le peignoir et qu'un photographe capte la sortie du boxeur. Deux gardes du corps qui lui sont affiliés la font sortir des gradins avec ses filles et sa grand-mère, faisant lever toute la rangée. Et moi, entre deux séances de validation, je me précipite pour la voir et m'asseoir à côté d'elle pour le dernier morceau. Je veux tellement bien faire. Je démarre quand j'entends les gens hurler au moment du rappel. Ce sprint final me vide à chaque fois les poumons, il me faut remonter tout en haut des gradins puis les redescendre dans le noir pour ne pas gêner les gens, et si je n'arrive pas assez vite, un SMS clignote sur mon téléphone, « *Tu es où ?* », et je cours encore plus vite. D'autant plus quand les musiciens ont changé la setlist (l'ordre des chansons) sans que je le sache et que je me trompe de chanson…

Au bout de deux concerts, nous convenons avec Sébastien d'inviter JoeyStarr à Montpellier. Sébastien est toujours son manager et il faut évidemment lui proposer de venir. Je suis contente qu'il accepte, je l'aime profondément, ce bonhomme, et je vais me sentir moins seule. Joey débarque donc au Zénith de Montpellier avec sa dernière conquête, il n'est pas franchement à l'aise dans ce monde, je l'emmène manger au catering. Nous sommes à quelques minutes du début du concert, je le sens monter en pression, il n'a pas envie d'aller s'asseoir dans les gradins : « *J'irai à la dernière minute.* » Juste avant que Johnny ne monte sur scène, comme le font souvent les artistes invités à d'autres concerts. Je pousse un soupir, il me regarde en biais : « *T'as vu ma gueule ? Je vais m'asseoir et tout le monde va me regarder !* » Problème. Comment lui expliquer que c'est Laeticia qui doit arriver en dernier et pas lui ? Je pressens le couac diplomatique.

« *Bon, tu iras en avant-dernier...*

– *Comment ça ?*

– *Fais-moi confiance, je t'en supplie.* »

Je sens bien que je ne pourrai pas négocier sur ce point avec elle. J'en ai des suées. Joey finit par m'écouter et me suit dans les loges pendant que je gère tant bien que mal les photos, les listes d'invités que je ne connais pas et que je vais finir par apprendre par cœur, ceux qui n'ont pas la bonne enveloppe au guichet... Je ne m'en sors pas, je coule, je vois même le moment où je vais demander à Joey de m'aider à gérer un retardataire.

La tension monte encore. Laeticia ne va pas tarder à y aller. Je presse Joey. Il marche tête baissée dans la fosse, personne ne le remarque. Nous nous asseyons et Laeticia arrive dans sa robe Alaïa blanche en dentelle.

SMS inquiet de Sébastien :

« *Tout va bien ?*

– *Oui, t'inquiète.* »

La scène s'embrase. Un incendie rouge sang s'élève sur le plateau balayé de faisceaux. Masqué derrière un impressionnant mur d'écran, Johnny cogne pour détruire la fortification virtuelle dans un fracas assourdissant et apparaît suspendu dans une caverne géante pour descendre « allumer le feu ». Délire dans la salle. Johnny est dans une forme olympique, comme à chaque fois. Je bois le spectacle que je commence à connaître par cœur. Si j'étais loin d'être une fan auparavant, en un concert, je suis devenue une inconditionnelle de Johnny. La bête de scène m'impressionne, la folie qu'il faut pour renverser de telles salles, son côté « Je suis Johnny Hallyday depuis cinquante ans, le type devant lequel les gens se prosternent, même dans un restaurant, même quand je sors fumer une clope. » Je suis médusée par cette sensation-là, par l'allure de l'homme, cette fausse nonchalance qui m'empêche de le tutoyer. Jusqu'au bout, jusqu'aux derniers moments, l'homme me sidérera.

Je tourne la tête vers Joey. Il est épaté, lui aussi. Je suis assise à côté d'un grand artiste qui regarde un autre grand artiste, bouche bée. Joey est conscient de son côté bête de scène mais là, il est en admiration. Tout le séduit, le show, les lumières, les musiciens, le son. Comme tout le monde, il se rend compte qu'il entonne des chansons par cœur, en chœur avec Johnny.

Mais au bout d'un moment, sans doute bercé d'euphorie, Joey s'assoupit et sa tête menace de heurter les genoux de Nicole Coullier, la femme du producteur de la tournée Gilbert Coullier, juste derrière nous. Pourvu que Laeticia, qui nous jetait un œil inquiet de temps à autre, ne se retourne pas…

Il est temps de faire une pause ! Nous dérangeons toute la rangée pour nous lever. Piteuse, je le ramène au catering où je dois de toute façon attaquer mes validations avec Anne-So. Regard agrandi de Joey : « *Pourquoi on ne fait pas ça avec moi ?* »

Mimi Marchand, ce soir-là, ne se montre pas.

Comme à chaque fois, un dîner est prévu après le concert. Toutes les Mercedes louées pour l'occasion doivent partir en même temps vers le restaurant, en convoi. Joey fume une dernière cigarette, un garde du corps le presse sur un ton familier :

« *Eh Joe, en voiture !* »

Je ris, Joey nettement moins. À ce moment-là, un policier à moto déboule pour nous faire signe de démarrer. « *On va quand même pas se laisser entourer de flics, c'est pas mon truc, les gars !* » Dans sa vie à lui, JoeyStarr, la seule fois où il a été escorté, c'était pour aller à la Santé. Bienvenue dans l'autre monde.

Le convoi conduit par la voiture de Johnny et Laeticia roule à fond de train sur la bande d'arrêt d'urgence de l'autoroute. Cramponnée au siège, j'ai envie de vomir et je me demande pourquoi on roule à 200 à l'heure pour aller dîner à Montpellier. Je n'ai pas le temps de répondre à la question que nous sommes arrivés dans le centre où la Mercedes se gare à l'arrache.

Le dîner n'est pas désagréable, au final, l'alcool coule à flots. Pour autant, je pense qu'il marquera pour Sébastien le début des ennuis parce que ce soir-là, Joey a compris que son manager allait se laisser glisser là-dedans, dans cet autre monde. Depuis longtemps, trop de non-dits couvaient et je vais me retrouver prise en tenaille entre les deux, entre deux caractères pour le moins abrupts, tandis que Laeticia, elle, s'intéresse de plus en plus à cette histoire et presse Sébastien, lui qui fait tout pour ménager tous les ego, d'arrêter avec ce type… Plus tard, Laeticia sera pourtant ravie de voir JoeyStarr assister à un concert de Johnny à Bercy avec Jamel. La présence de ce mauvais garçon qui faisait du cinéma et était nommé aux Césars donnait finalement du chic à l'assistance.

Sébastien a bien essayé de créer une familiarité entre les deux planètes, des dîners, des après-concerts. Mais l'alchimie n'a jamais pris. Les deux étaient inconciliables, les deux artistes trop chronophages, et moi, jonglant en permanence de l'un à l'autre… La fin, j'aurais pu l'écrire. Tout le monde s'est engueulé. Crise terminale avec lettres ouvertes dans la presse, l'un balançant l'autre et inversement, les excès, le linge sale, tout y est passé. Une foire d'empoigne qui a bien failli me faire craquer. Je n'avais pas une tête de dommage collatéral, j'ai donc fini par dire à Sébastien que j'arrêtais de travailler temporairement pour lui et j'ai appelé Laeticia à Los Angeles pour le lui expliquer. Je n'en pouvais plus. C'est là qu'elle m'a rattrapée, elle n'avait pas envie que nos chemins se séparent. Johnny non plus.

Lui et moi en avons parlé dans une chambre d'hôtel parce que je ne parlais jamais au téléphone avec Johnny, impossible. Nous allions ce soir-là place de la Bourse, au bal Hermès dont la directrice artistique était Nadège, la femme de Sébastien. Tandis que Laeticia se faisait maquiller et coiffer, en bas, Johnny attendait sur son fauteuil. C'est lui qui s'en est ouvert à moi le premier :

« *Je suis triste, je ne veux pas que vous soyez séparés, Sébastien et toi.*

– Mais on n'est pas séparés, regarde, on est en train d'aller à une soirée de Nadège ! »

Johnny, j'ai mis du temps à le tutoyer, même s'il me l'a toujours demandé. « *Arrête de me vouvoyer, ça me vieillit.* » Donc j'y suis venue. Je lui ai expliqué que pour l'heure, tout était devenu trop compliqué pour moi, mais il y avait peut-être un autre schéma à trouver. C'est sans doute à ce moment-là qu'a émergé l'idée de ma collaboration en direct avec Laeticia.

– 3 –

Le sourire de Laeticia

Ce matin-là, je suis d'une humeur de dogue. Je viens de me faire engueuler par le garde du corps de JoeyStarr. Organiser une promo pour lui, c'est à chaque fois un abîme de stress. Il faut intégrer les retards, les pannes de réveil, les sorties de la veille dans le planning du lendemain. Je ne m'en sors pas. En bas, l'Interphone interrompt ma complainte.

Carl passe une tête à la porte du bureau de Lickshot, à Bastille, où je travaille aux côtés de Sébastien dans cet open space de 100 mètres carrés sur cour tapissé de coco gondolé, un capharnaüm sans nom encombré de vieux journaux, de disques d'or de NTM et de Raggasonic où tout menace de dégringoler à tout moment. Étonnée, je regarde Carl, un gros paquet à la main, se frayer – difficilement – un chemin jusqu'à mon bureau. Que fait ici le chauffeur de Laeticia ?

Carl, c'est un Sicilien, toujours vêtu d'une veste et de jeans noirs, je l'aime bien, il est drôle, il est au service de « Madame », comme il l'appelle. Johnny, lui, a un autre chauffeur. Quand les Hallyday sont en France, ils ont chacun leur planning donc chacun leur Mercedes aux vitres teintées à l'avant (ils montent à l'avant), ce qui est interdit depuis 2017. Carl s'est d'ailleurs souvent fait arrêter pour cette raison et Sébastien a fait tout un micmac pour pouvoir les garder. Les vitres teintées, rempart ultime de la vie privée.

Carl, donc, pose le paquet sur mon bureau enseveli sous la paperasse. J'ouvre le délicat emballage blanc. Un maxi-sac Saint Laurent noir et clouté. Cadeau de Laeticia. Je suis ébahie. Dans son entourage, certains reçoivent de tels présents comme s'il s'agissait de chocolats suisses. Moi, je n'ai pas été élevée dans ce monde-là et me sens terriblement gênée. Je ne fais que mon travail, après tout. Autour de moi, le silence s'est creusé dans l'open space, mes acolytes de Lickshot me regardent à l'oblique. Ce sac aux trois initiales ancrera un peu plus la scission entre eux et moi. Comme si j'étais définitivement passée de l'autre côté du miroir, comme si je devais avoir honte de poser un pied sur le seuil de ce show-biz sans complexes, sans pudeur, sans tabou, où l'image est synonyme d'argent et où l'inverse est aussi vrai.

Même si j'ai arrêté de travailler pour Sébastien en mai 2014 comme je le leur ai dit, je suis restée en contact étroit avec les Hallyday et je continue très souvent de donner des coups de main sur les concerts, la tournée, les opérations presse. Je suis entrée dans leur cercle, je m'y sens plus à l'aise, je le réalise aussi au travers du monde extérieur. Le nom des Hallyday ne laisse personne indifférent. Dans les dîners, les gens me regardent différemment, pris d'une forme de curiosité admirative, et ne cessent ne me demander ce que cela fait d'entrer dans pareil sanctuaire, de travailler pour un tel mythe : est-il sympathique ? Chante-t-il vraiment ? Laeticia est-elle juste nunuche ou plus maligne qu'elle n'y paraît ? Je ris et le plus souvent, j'élude. Je suis fière de travailler pour eux, fière de participer à leur vie hors sol, hors du commun.

Laeticia semble s'être attachée à moi et réciproquement, elle me manifeste beaucoup de mots tendres, d'attentions, me remercie pour ce que je fais, me rebaptise dans tous les messages qu'elle m'envoie. Dans ma nouvelle vie, je ne m'appelle plus jamais Laurence, mais « Ma Lolotte », nous nous rapprochons, nous déjeunons dès qu'elle est à Paris, chez Kinugawa, au Costes, au Castiglione, chez Colette, chez Taokan, elle s'épanche, ses voyages avec Johnny partout dans le monde, les tournées, les vacances, Gstaad, Paris, LA, Beyrouth, Genève, Bangkok, Coachella, ce fichu jet lag permanent, ses réveils à coups de marteau dans le crâne, ses drinks de la veille, ses copines, ses recettes savamment improvisées pour Johnny, ses angoisses à la moindre douleur de « mon homme », sa vie à la fois solaire et complexe auprès de ce mari adoré, vénéré, ce « *génie absolu* » qui est aussi plus exigeant que le commun des mortels, qui peut la réveiller à minuit en lui disant : « *Tu me fais un pot-au-feu demain matin* » ou la traiter de tous les noms d'oiseaux parce qu'elle voit une copine qu'il n'aime pas ou n'est pas auprès de lui à tel moment. Lourd tribut que d'être la femme d'un tel artiste, elle le dit, gentiment, elle gère tout, passe après tout le monde, elle m'envoie des cœurs en cascade, je lui réponds avec les mêmes, elle me touche, dans le monde qui est le sien et que je ne comprends pas toujours.

Peut-être s'attache-t-elle à moi parce que je suis très différente de bien des gens qu'elle connaît. Toutes les amies de Laeticia, tous ceux dont elle parle, « font » quelque chose. « *Mon amie Marie (Poniatowski) crée des bijoux* », « *Mon amie Hélène (Darroze) est cheffe étoilée* », « *Mon amie Élodie (Piège), la femme d'untel* ». Pas de « nobody » dans son entourage. Moi, je ne fais rien de notable, je n'appartiens pas vraiment au décor, je me fiche éperdument de pas mal de choses, mais je ne déteste pas le sens de la dérision qu'elle ne pratique pas et qu'elle aime bien chez moi, peut-être parce qu'elle n'ose pas. Elle me juge « *vraie, sans filtre* ». Aux gens, je dis les choses désagréables qu'elle ne dit pas, je fais tampon, je suis utile, une alliée parfaite.

La Laeticia de cette époque-là n'est pas la même que celle d'aujourd'hui, elle n'aime pas les conflits, les rapports frontaux avec les gens, elle ne fait rien de ce qui ne se fait pas, elle n'ose pas sortir des clous, ne veut surtout pas prendre le risque d'endosser le rôle de la méchante. Généreuse, elle fait faire sur mesure des blousons brodés « De l'amour », du nom de l'album de Johnny, à toute son équipe pour les remercier, elle fait ses cadeaux de Noël chez Saint Laurent, Colette ou Bonpoint pour ses amis et leurs enfants qui vont passer les fêtes chez eux. Dans tout ce qu'elle dit, tout ce qu'elle écrit, Laeticia vit dans un monde parfait, un monde qui n'existe pas et qu'elle s'est créé. Elle remercie son mari de l'avoir trompée, car il l'a aidée à chercher sa part de responsabilité – des propos qu'elle tient dans *Paris Match* comme dans le privé –, elle n'est entourée que de gens brillants, sans défauts, « *mon amie* », « *ma sœur de cœur* »… Jusqu'au jour où elle se sent trahie, pour une raison ou pour une autre. Parce qu'une copine éméchée, lors d'une soirée d'anniversaire, a vulgairement allumé son homme, objet de toutes les vanités, parce qu'une autre ne l'a pas assez encensée dans le magazine *Elle* ou parle trop d'elle-même. Entre beaux sentiments, bienveillance sincère, affichée, et piques de moins en moins voilées qui collent à la peau et peuvent briser une réputation, le langage de Laeticia varie, parfois.

Dans le huis clos de la Mercedes aux vitres teintées, je ne suis pas la dernière à railler untel, telle situation ou mes propres défauts, elle fait : « *Oh oh oh, comme tu y vas…* », elle est un peu gênée de ce que je dis, elle en rit. Plus tard, je me rendrai compte qu'en réalité, Laeticia contient. Elle se contient, bien plus que moi.

Elle a tout appris aux côtés de Johnny. Elle l'a rencontré à vingt ans, il avait déjà fait dix fois le tour de la planète, elle n'était pas vierge de tout comme on pourrait l'imaginer à cet âge, ayant déjà connu l'anorexie et traversé l'Atlantique, mais elle n'avait peut-être pas la vie si noire qu'elle a voulu la réécrire ensuite aux côtés d'un père adoré, « dépressif » et remarié avec une fille de son âge. Un père dont chacun sait qu'il lui fera rencontrer la plus grande star française sous le ciel doré de Miami.

Cap d'Agde, années 1980. Sous les canisses, les pieds dans le sable face à la mer, une jeune fille aux boucles blondes rêve de podiums et attend de vivre une histoire d'amour. Quinze ans plus tard, elle épouse un mythe vivant. Il est rocker, abîmé et impatient. Elle, très mignonne et épatée, sous ses cheveux de Betty Boop. Stupeur du réel qui fait se dire « Qu'est-ce qui m'arrive ? », tremblements de l'être en devenir qui se demande « Pourquoi moi ? »

Laeticia grandit à l'ombre du monstre sacré, un oxymore qui dit bien les choses, elle consent à tout, se coule dans sa façon d'être, sa volonté, ses envies, par amour fou, pour se faire aimer, accepter, pour rester, en dépit de tout – ce « tout » qui n'appartient qu'à elle, dont elle est toujours la seule à cerner les contours véritables et qui contribue aussi à entretenir la légende. Toujours est-il que dès le début, elle souffre beaucoup des critiques qui la clouent au pilori, comme elle me le souffle, d'emblée. L'idole ne resterait jamais avec la ravissante ingénue, il la mangerait toute crue, elle ne ferait pas le poids… Personne ne parie ne serait-ce qu'une année sur ce couple si dépareillé. Très vite, elle comprend qu'il y aura toujours quelqu'un dans la cour ou parmi les « amis » de Johnny, en tout cas dans un environnement proche d'eux, qui se répandra en horreurs sur elle, elle comprend que si elle se met à dos tous ces gens, il n'y aura plus personne, ni pour de vrai ni pour de faux. Alors autant faire semblant, autant paraître parfaite, tout le temps, avec tout le monde, dans ce microcosme dont les flatteries n'ont d'égale que la cruauté.

Sourire pour se protéger. Sourire pour se venger.

Depuis vingt ans qu'elle est prise en photo sous tous les angles dans la presse people, Laeticia sourit. Comment peut-on sourire autant, paraître tout le temps en état d'extase, d'humeur joyeuse ? Je m'étais posé la question avant de la connaître.

Dans la vie, la Laeticia que je côtoie n'est pas la même. Son sourire s'étire quand un photographe braque son objectif sur ses yeux verts, quand elle est devant une assistance ou quand Johnny entre dans la pièce. Alors elle change subitement, son visage s'illumine. Parce qu'elle est heureuse de le voir ou parce qu'elle veut lui signifier quelque chose. Combien de fois ai-je observé ce brusque changement d'attitude en me demandant ce qu'il traduisait et en même temps, dans quel couple ne voit-on pas ça ?

Quand le scandale de l'héritage explosera, son ami Pierre Rambaldi, le mari de Marie Poniatowski, lui dira, en parlant des paparazzis : « *Il faut sourire aux cons.* »

En attendant, à l'orée de cette année 2015, nous n'en sommes pas là. Johnny semble en pleine forme, Laeticia prend de plus en plus de place tout en tâchant de rester à la sienne et je vais souvent les voir dans leur maison de Marnes-la-Coquette, tout en haut du parc privé qui fait barrage entre la vingtaine d'îlots de ce Beverly Hills à la française et le reste du monde. Contrairement à ce qui a été dit ou écrit, Johnny et Laeticia aiment leur maison au nom d'Amérique, La Savannah, même s'ils ont voulu la vendre. Ce qu'ils n'aiment pas, c'est vivre à Marnes : ils se plaignent souvent du trafic, du temps qu'ils mettent pour entrer dans Paris et en sortir, les embouteillages derrière la Défense, une heure aller, une heure retour… Plusieurs fois, pour cette raison, j'ai entendu Johnny évoquer l'idée de se défaire de Marnes pour acheter un hôtel particulier dans Paris. Un jour, alors que je venais de déménager, il m'a lancé :

« *Tu peux demander à ton agent immobilier s'il n'aurait pas un hôtel particulier de 400 mètres carrés pour garer ma voiture et mes motos ?* »

Laeticia, elle, ne se projetait pas là-dedans. L'appartement qu'elle « adorait » dans Paris, c'était celui d'Anne Marcassus, un duplex hors norme au dernier étage d'un immeuble haussmannien donnant sur les Tuileries, décoré avec un goût et un talent extraordinaires, comme sa maison du Gers de quatorze chambres où elle reçoit chaque été tout le show-biz, de Line Renaud à Florent Pagny en passant par Michaël Youn ou Sarah Lavoine. Anne a un carnet d'adresses qui court sur trente ans de shows de variétés produits pour TF1, Les Enfoirés, La chanson de l'année… Toujours en Stan Smith ou Converse, généreuse, elle parle d'une voix chantée, elle rit beaucoup. Tout le monde veut être ami avec Anne. Tout le monde est ami avec Anne.

En dehors de Marnes, je vais souvent sur les concerts de Johnny. Et les concerts, c'est leur vie, donc chez eux. Je fais les dîners d'après-concert, je participe aux mondanités, à la promo. En l'occurrence, on pourrait imaginer qu'une star aussi rodée que Johnny s'en remette aux autres après tant d'années, laisse faire. Pas du tout. Avec lui, je tourne dix fois ma langue dans ma bouche si j'ai des choses à présenter parce qu'il va m'assaillir de questions, de milliards de questions. Qui fait l'interview, de quoi on va lui parler, il veut tout savoir. Il connaît tous les journalistes, il a connu leur père, leur mère…

Moi, combien de fois, dans mon for intérieur : « *C'est bon, avec celui-là, ça va rouler, je le connais.* »

Lui : « *Ah non ! Lui, je ne peux pas le blairer !* »

Sur cinquante ans de carrière et de vie à tombeau ouvert, il a gardé en mémoire quelques griefs avec les uns et les autres et, comme toute l'équipe, je slalome sur la piste.

« Johnny, ça serait bien de faire telle grand-messe sur France 2.

– Pff… »

Arguments ou pas, même réponse. À la fin, on y va parce qu'il aime la lumière et il prendra qui il faut dans ses bras. Il connaît le job. Il connaît tout Paris, ses dessous, son cirque médiatique, ses secrets d'alcôve, il en est à la fois amusé et désabusé : « *Lui, il est avec unetelle, tout le monde l'a sautée en 1982 !* »

Plus d'une fois, je me suis dit que nous filions droit à la catastrophe. La promo, c'est souvent la plaie pour les artistes, ça l'est tout autant pour ceux qui l'organisent. Curieux comme nous nous plions tous comme de bons petits soldats à cette loi médiatique que personne n'aime et qui a généralement le don de nous fusiller les nerfs. Sur la promo du film de Claude Lelouch *Salaud, on t'aime*, la seule chose qui plaisait à Johnny, c'était quand il y avait Eddy Mitchell, son copain de toujours. Mais quand je l'ai accompagné en Belgique, la première fois que j'allais seule avec lui quelque part, Eddy n'y était pas et Johnny a accepté à la seule condition que Claude Lelouch, son ami cher, l'accompagne : « *Il n'y a pas de raison que je sois le seul en Belgique à m'emmerder à faire le job !* » Au final, il a joué le jeu, non sans râler parce que Johnny bougonne toujours. Pro, jusqu'au bout. Il fait craindre le pire et une fois chez les Belges, il ne fait aucun coup de Trafalgar, il fait tout ce qui est prévu. Le jour d'un concert, il vient aux balances, la répétition, les filages, même s'il ne prend pas le micro. Nous en profitons d'ailleurs toujours pour caler des interviews après, parce qu'entre les balances et la scène, il a quatre longues heures à tuer.

« *Dégagez tous, vous me faites tous chier !* »

Cette fois-là, il a appris que l'un des journalistes qui venaient l'interviewer sur une date en province était un gars d'un quotidien qu'il déteste. J'ai vu valser les programmes du concert au-dessus de la tête d'Anne-So. Elle venait d'articuler :

« *Il est là…*

– Non. »

Le journaliste est dans la loge. Je vais le voir en lui souriant bêtement : « *Je crois qu'il n'est pas prêt…* »

Le journaliste part prendre un café. C'est là que nous faisons intervenir Sébastien, car le niveau sonore n'a pas baissé, il est même au maximum du coffre. Sur le coup, aucun de nous ne sait plus comment gérer la chose. Au fond de moi, je sais que Johnny pourra en rire, à un moment, demain, certainement, mais pas maintenant. Et puis Sébastien se dirige vers Laeticia : « *Bon, il n'y a que toi.* »

Laeticia, à ce moment-là, est encore loin d'être la gardienne du temple, mais elle fait partie de l'équipe. Tous en chœur : « *Vas-y.* » Elle entre dans la loge, argumente sur d'autres plans, fait comprendre à Johnny que s'il donne une interview à ce « *moins que rien* », ce sera fantastique pour lui, elle est douce, habile, elle connaît son homme par cœur et elle réussit. J'admire la performance. Laeticia veut ce rôle, elle est utilisée pour ce rôle et nous en sommes tous soulagés.

La maladie n'a pas encore dit son nom, nous sommes la dernière année avant qu'elle ne s'écrive en gras dans tous les titres de France. Elle et lui semblent vivre pleinement leur amour, cet amour si singulier et d'autant plus plein que Johnny est en tournée et Johnny est toujours heureux d'être en tournée. Johnny est Mon amour sans s'énerver, même s'il râle toujours parce qu'il est fatigué, il peut faire à Laeticia une folle déclaration devant tout le monde au restaurant : « *C'est la femme de ma vie. Regardez ma femme, elle n'a jamais été aussi belle* » ou « *Elle est de plus en plus belle, parce que franchement quand je l'ai épousée…* » Elle rit, la peau rosie, il la regarde tel un homme fier de sa femme, balance quelques vannes graveleuses, elle rit encore et tout le monde rit aussi.

Je les observe avec une tendresse curieuse. Dans mon monde, rien ne se fait à l'identique, mais pourquoi voudrais-je comparer mon monde au leur ? D'ailleurs, à chaque fois que l'on me demandera s'ils s'aiment vraiment, parce que ce couple de papier glacé attire à lui toute la curiosité du monde, je répondrai toujours oui. Ils ont trouvé un équilibre après vingt ans d'une vie commune que je n'ai pas connue et dont on sait bien qu'elle a pu contenir sa part d'absence, d'infidélités, de chaos.

Un matin, dans l'un de ses messages à la fin 2015, Laeticia me confie que la nuit a été difficile après un concert à Nantes. Johnny « *s'est détruit en quelques minutes* », elle n'a rien vu venir, rien pu contrôler, il a chuté et s'est fracassé le crâne après une nuit d'ivresse, cela faisait des années qu'elle ne l'avait pas vu dans cet état qui l'a replongée dans une période de leur vie « *pas très cool et violente* ». Elle a voulu rassurer ses filles pour leur éviter l'inquiétude et les jugements sur leur père, elle se demande pourquoi il a besoin d'en arriver là alors qu'il a tout pour lui, tout, elle, les enfants qui l'aiment, son talent, son humanité. C'est peut-être trop dur d'être ce dieu vivant sur Terre, pense-t-elle. « *On ne peut que l'aimer et lui pardonner…* »

Dans ces moments, elle me touche, Laeticia, la jeune femme qui a dû supporter tant de choses insupportables, la jeune femme prise d'un amour fou pour cet homme parfois insaisissable autour duquel tout tourne, comme tous les artistes. Tout s'organise autour de lui. L'heure de manger, de dormir, de vivre, l'endroit où l'on habite, où l'on dort. Elle vit par et pour lui. Chez eux, l'expression prend son sens aussi noble que terre à terre.

À la fin d'un concert, elle ne part jamais avant lui. S'il a décidé de rentrer tard, elle rentre tard. Si, au restaurant, il fausse tout à coup compagnie aux gens qui viennent de s'installer et de commander parce qu'il est fatigué ou n'a pas envie, elle fait de même. Johnny n'est pas un mondain. Le dîner après concert, Laeticia y tient, lui moins. Elle va rester bavarder deux minutes, le faire attendre dans la voiture, il hurle : « *Laeticiaaa !* » Et elle s'empresse d'arriver, elle qui m'a si souvent fait attendre, des heures.

La Laeticia de 2019, c'est peut-être celle qui se venge de la Laeticia d'avant, de celle qui ramasse des salves tonitruantes devant témoins, sans rien dire, quand elle contrarie Johnny ou quand il est de mauvaise humeur : « *Mais ferme ta gueule ! Qu'est-ce que tu fais ? Tu me fais chier !* » Alors Laeticia boude, durant deux jours parfois, et à la fin, il lui demande : « *Ça va ?* »

Jamais, après coup, je n'entendrai Laeticia reprocher à Johnny quoi que ce soit en public et encore moins devant lui. À de rares occasions, seulement, dans la myriade de ses confidences, une fissure vient craqueler la surface si lisse. Elle accepte les compromis et tous les sacrifices, dit-elle, mais l'humiliation est souvent douloureuse à comprendre, bref, demain est un autre jour…

Et après chaque concert, elle est là, elle est toujours là, ébahie par sa force, son charisme, plus amoureuse que la veille. Quand le fauve déboule dans la loge en eau, essoufflé, vidé, il ne veut personne d'autre qu'elle. Pas d'amis, personne. Jimmy et Bruno, les deux gars de la sécurité, font barrage. Laeticia passe l'éponge sur son front, écoute, encaisse. Parfois, le concert s'est passé sans aucune fausse note, parfois, Johnny est très contrarié. Et tout le monde prend.

Comme d'habitude, j'ai demandé à Laeticia qui a prévu de sortir des gradins avant le dernier morceau. « *Il n'y a que moi.* » Donc elle, ses filles et sa grand-mère. Je répète, inquiète : « *Tu es sûre ?* » Parce que je dois répercuter l'ordre à Jimmy, qui ne se posera pas la question, lui, et refoulera ceux qui ne sont pas prévus.

Comme d'habitude, à son tour, Jimmy me dit :

« *Tu es sûre ?*

– *Oui.* »

La fin du concert arrive, Laeticia se lève et je vois toutes ses copines à côté prendre leur sac pour se lever à leur tour et filer dans la loge de Johnny, qui dit sèchement : « *Je voudrais que tout le monde s'en aille, MAINTENANT.* »

Insondable pétrin dans lequel je me retrouve, en proie à des animosités aussi sourdes qu'enkystées, certains croyant que je leur bloque le passage sciemment, d'autres ne comprenant pas que je les refoule dans une sorte de contre-loge, une loge collée à la vraie, car Johnny les refuse… Car tout, dans un concert de Hallyday, a une importance nucléaire, une haute valeur sociale. Le placement, la liste des invités, l'entrée en scène, la sortie de scène. Je le revivrai – tristement – aux obsèques.

Laeticia me le répète, elle lui a sauvé la vie en 2009. Elle le répète à Johnny, elle le répète aux autres quand il est à côté : « *Je l'ai sauvé. Je l'ai sauvé de lui, de cette intervention, de Delajoux* [le chirurgien qui a opéré Johnny]. » Et lui, quand elle en parle, murmure : « *Ah oui, j'entendais sa voix.* »

À l'évidence, cette période a scellé entre eux un pacte définitif et chamboulé leur paysage, entre ceux qui étaient là, ceux qui ne les ont pas assez soutenus…

Beaucoup de ruptures s'enracinent clairement là, pour Laeticia. Entre elle et lui, désormais, c'est à la vie à la mort. Et depuis, l'épouse a pris son envol. Laeticia répond à sa place sur son téléphone. Parfois, il ne le sait pas. D'autres fois, il laisse faire parce que beaucoup de choses l'ennuient, au fond. Un jour, je l'entends dire : « *Il faut que tu apprennes à décrypter, il y a des textos et des mails que j'envoie et il y a ceux que Laeticia envoie pour moi.* » Du matin au soir, elle vit branchée sur son téléphone quand celui de Johnny est toujours sur silencieux. Il adore regarder Twitter, il n'en fait rien, mais regarde ce qui s'y dit, observe le monde autour de lui. Il apprend à poster des photos sur Instagram, mais sans jamais les retoucher, ce qui énerve Laeticia, une pro en la matière. Et puis elle organise sa vie ; sans elle, il ne le ferait sans doute pas. Elle cale les déjeuners du dimanche, elle invite untel pour qu'il le voie, les musiciens, et même si elle est encore discrète dans la partie artistique, elle parle avec Sébastien pendant des heures et l'accompagne aux rendez-vous des maisons de disques, ce qui en agace certains : « *Tant qu'il ne me demande pas de lui faire un album…* »

Bientôt, le 18 mars 2015, Laeticia va avoir quarante ans. Elle apprécie tellement mon travail et ma compagnie qu'elle me demande de lui organiser sa fête d'anniversaire à New York. La mission : « *Trois jours de fête et de resto.* » Je lève gentiment les yeux au ciel. Sébastien est dans la boucle, nous n'avons pas la même façon de gérer un budget, l'histoire avec Joey a laissé des traces, je vais encore devoir faire douze allers-retours... Décidément, non, je ne me vois pas me projeter dans un tel sac de nœuds à New York.

« *Je viens avec plaisir, Laeti, mais je n'organise pas.* »

Sur le coup, Laeticia me raccroche au nez, elle ne comprend pas. Le lendemain, je m'en explique, elle se calme et consent. C'est le frère de Marie Poniatowski, Frédéric Imbert, qui se chargera de l'organisation. Fred est toujours content. Je crois que le pauvre vivra un enfer. Le concept de la fête, c'est chaque midi, un restaurant pour déjeuner et chaque soir, un autre restaurant pour dîner. Le brief pour le choix des lieux : très cher, grand luxe, très *place to be*.

Le summum des endroits les plus fous, le meilleur rooftop du moment, c'est le Boom Boom Room, le club lounge où nous faisons un premier apéro au dernier étage du Standard High Line Hotel, dans le quartier très en vogue de Meatpacking. La vue sur les tours illuminées de New York et de l'Hudson River est exceptionnelle – y compris des toilettes pour femmes –, la moquette est brillante, les filles, superbes. Autour de l'arche centrale du bar en bois ambiance *Casino* de Scorcese, nous sommes quarante à siroter des cocktails sans penser au Bloody Mary du lendemain. La soirée se terminera dans une boîte de nuit de Lower East Side, The Box. Le pitch : un cabaret chic dont la déco rappelle les boîtes coquines des Années folles, un lieu intense, provocant et lubrique dans une atmosphère de velours avec pin-up aux barres de strip-tease et danseurs en micromaillot.

Gênant. Je me demande encore si on a mis des champignons hallucinogènes dans mon verre, ce soir-là.

Le lendemain, tout le monde a l'air fatigué au déjeuner au Wythe Hotel, un bâtiment postindustriel de Brooklyn. Il se met à neiger, les flocons volettent en fines poussières, Manhattan scintille comme un diamant. Le soir, je suis téléportée dans le show démentiel de Fuerza Bruta à Union Square. Les artistes culbutent sur une paroi verticale de tissu, une voile énorme tourbillonne au-dessus de nous, théâtre d'une extraordinaire danse aquatique en apesanteur. J'en sors époustouflée. Le Cirque du Soleil sous ecsta.

Durant ces trois jours, quatre vans Mercedes Viano renommés Johnny, Laeticia, Jade et Joy (à chaque groupe d'invités le sien) nous baladeront d'un point à l'autre sur la carte de New York. Sur le planning, Fred Imbert avait aussi mentionné pas mal de musées, mais nous n'irons jamais.

Dans la liste des happy few invités à l'anniversaire, il y a des amis de Laeticia et d'autres qu'elle ne connaît pas plus que ça. Certains sont même étonnés d'être conviés. Mais elle veut que sa bande soit celle-là, un monde culturel et branché, hype. Il y a évidemment sa grande amie Marie Poniatowski, créatrice des bijoux Stone, la sœur de celle-ci et ex de Marc Lavoine, Sarah Lavoine, Caroline de Maigret, la femme de Yarol Poupaud, mannequin et petite-fille de l'ancien ministre Michel Poniatowski, l'agent Yaël Abrot, Jean-François Piège, le chef étoilé et sa femme Élodie, la productrice Anne Marcassus et son mari Fabrice Le Ruyet, directeur général de Sotheby's, Jean-Claude Darmon, le grand argentier du foot et sa femme Hoda Roche, attachée de presse dans le luxe, Bertrand Lamblot, le directeur artistique de Warner, mais aussi Sandra Zeitoun, qui travaille dans les relations publiques, une entertaineuse que Laeticia côtoie encore peu, comme Mademoiselle Agnès, Marie de Villepin, Isabelle Funaro, la femme de Michaël Youn, Sylvie Rousseau, la responsable des célébrités de Dior, Sylvie Arcelin, attachée de presse pour marques de luxe… Pendant trois jours, tout le monde prend des photos, fait des selfies. Johnny est là aussi, évidemment, content de voir sa femme heureuse, content que ses copains Sébastien, Jean-Claude Darmon et Maxim Nucci soient là, même si tout semble un peu long à son goût.

Happy Ending, c'est le nom bien choisi du restaurant du dernier soir. Un endroit très new-yorkais, un long couloir à la lumière tamisée qui débouche dans une salle borgne. On mange jusqu'à 22 heures et tout à coup, ils baissent encore la lumière et la salle se fait boîte de nuit. Les gens dansent, il n'y a que du Moscow Mule à boire – Laeticia n'aime pas le champagne –, pas mal de trucs propices à l'euphorie traînent. Johnny est assis à côté de Laeticia, de Jean Reno et de Jean-Claude Darmon. Johnny boit souvent comme si demain n'existait pas. Très vite, l'ivresse gagne l'assemblée. Radieuse, son corps gracile galbé dans une robe fourreau blanc, Laeticia lui montre le cadeau de ses quarante ans. Une magnifique montre Serpenti à 30 000 euros. Elle est heureuse, entourée d'amour, gâtée.

Ce soir-là, je verrai partir Johnny et Laeticia avant que la fête ne se termine et le lendemain, Laeticia me parlera, la mine défaite, me disant que la nuit dans la suite a été difficile. Je n'en saurai pas plus. Peu importe.

Laeticia, comme elle le dit dès cette époque, est « *mariée à la tour Eiffel* ». Elle a conscience qu'elle a un « *destin* ». C'est la petite fille aux yeux extasiés qui parle, la petite fille qui a rencontré son prince charmant.

– 4 –

Chacun cherche sa place

Mon problème numéro un, dans la vie, ce sont les attributions des places de concert. Les quotas de place, toute une affaire à valeur hautement diplomatique et explosive. Généralement, quelques jours avant le concert, le producteur du spectacle m'attribue 150 places – les billets et les différents bracelets d'accès aux salons VIP et aux loges, bref le Graal. À chaque fois, Laeticia m'en demande 200 parce que Johnny et elle invitent beaucoup de gens. Et je gère le micmac.

Comme il n'est pas pensable de demander à Guillaume Canet et Marion Cotillard, par exemple, de venir retirer leur place au guichet, nous avons établi le poste de livraison rue Saint-Honoré, dans le bureau d'une amie attachée de presse où les invités, ou bien leur chauffeur, viennent chercher leurs tickets dans des enveloppes attitrées. Et comme il n'est pas question de faire gérer ce type d'invitation par un stagiaire, c'est moi qui m'en charge, au moyen d'un tableau Excel. Ça me change du temps de Joey. En guise de listes d'invités, j'avais droit à des tags gribouillés sur une feuille, une compilation illisible où tous les potes avaient des pseudos et je n'en connaissais aucun. Cette fois, je les connais tous, mais à chaque fois j'ai l'impression de manier de la dynamite. On m'avait dit : « *On a besoin de deux places.* » J'ai réservé deux places. Le chauffeur arrive :

« *En fait, on a besoin de quatre places.*

– Mais bien sûr, pas de problème. »

Je dégouline d'énervement devant ma feuille Excel, je glisse les gens, je descends celui-ci, je remonte celui-là. Je joue à Tetris toute la journée, pendant que telle vedette envoie un mot à Laeticia qui me le transfère aussi sec : « *Laeti, pardon d'abuser, mais je me demandais si on pourrait avoir une troisième place vendredi pour Omar qui est notre chauffeur ?* »

Mais bien sûr, pas de problème.

Non, mais là, ça va faire vingt et un dans la rangée…

Et pour finir, Sébastien qui m'appelle : « *Laura a deux places, mais elle en voudrait quatre. Dis à Laeticia qu'elle en veut deux et on en trouvera deux autres.* » Il ne manquait plus que ça…

Comme souvent, Laura a appelé Sébastien – elle le connaît de la vie « d'avant », en tant que manager historique de NTM. Elle l'a appelé parce que Laeticia ne répond pas. Et Sébastien m'a appelée. Parce que j'ai la main sur les quotas.

À chaque fois que Laura se rend à des concerts de son père, je sais que le sujet va poser problème, parce que le sujet Laura *est* un problème en soi. Même si Laeticia dit et répète avoir toujours essayé de réparer les ponts cassés entre Laura et son père, les tacles qu'elle envoie souvent à l'encontre de sa belle-fille me sont devenus amèrement familiers ; elle s'en moque comme d'une rivale, mais mal à l'aise, gênée par ces déballages, j'ai toujours rangé cette histoire au rang du cliché et des maux partagés, la belle-mère et la belle-fille qui s'apprécient peu, d'autant moins quand elles se disputent l'éclat d'une star. En vérité, je ne comprends pas tout ou ne veux pas tout comprendre, je surfe sur les non-dits, j'esquive les conversations qui me rendent mal à l'aise, mais la question des places, ça fait partie de mon job…

Le procédé est d'ailleurs souvent aussi valable pour les places de Johnny. Régulièrement, « *Johnny veut douze places pour ses copains* » et, généralement, Laeticia ne veut pas. « *Ah mais ils sont déjà venus, c'est trop !* » Laeticia ne le disant pas elle-même à son mari, c'est (encore) par moi et Seb que ça passe. Et au final, nous y arrivons toujours à la dernière minute, avec des gens qui râlent. Et quand certains s'en plaignent auprès de Johnny, il rentre dans une colère noire et se tourne vers Laeticia : « *Pourquoi tu donnes des places à tout le monde, toi ?* » Contrairement à d'autres artistes ou aux Américains qui ne donnent pas de places, les Hallyday en donnent beaucoup et le Tout-Paris les considère d'ailleurs comme un dû.

Juin 2013. Ce soir-là, le roi du rock'n'roll fait fort, très fort. Il chante à Bercy et après deux heures et demie sur scène – retransmises en direct sur TF1 –, il est prévu qu'il remonte sur les planches du Théâtre de Paris pour y fêter ses soixante-dix ans ! Sitôt descendu du plateau de Bercy, il doit monter dans sa voiture avec escorte de police et débouler là-bas à 1 heure du matin. Hallyday chantera dans le quartier de son enfance, Yarol Poupaud est le directeur musical, Brian Setzer est venu spécialement d'Amérique pour reprendre avec Johnny *Blue Suede Shoes*, Elvis et Eddy Cochran. La soirée promet d'être extraordinaire.

Dans l'ombre, je vois pourtant s'accumuler les nuages. Pas mal de gens ayant été invités aux deux événements, je pressens… un sombre problème de voiturage. Car ce soir-là, il y a Laura et sa mère, Nathalie Baye. Et Sébastien me dit : « *On va avoir un souci, elles sont en taxi. Le temps qu'il sorte de Bercy, elles vont rater la suite, il faut absolument qu'elles soient dans une voiture avec nous.* »

J'opine, mais comme je dois gérer les invités au Théâtre de Paris, je pars en moto taxi et laisse Sébastien gérer sur place, non sans soulagement. Une heure plus tard, dans les coulisses du théâtre de

Jaques-Antoine Granjon, je vois arriver Sébastien, liquéfié :

« *La cata…* »

Et Laeticia derrière, décomposée en robe Alexandre Vauthier :

« *Non, mais j'ai vécu un truc… Une agression…* »

Dans le parking souterrain, une scène a eu lieu. Laura n'ayant pas été prévue, il n'y avait pas de place dans les voitures. Elle aurait explosé.

Laeticia me dit, les lèvres pincées : « *Quelle honte ! Je n'ai rien dit, je suis restée digne.* » Avant d'ajouter : « *Elle me fait chier ! Elle m'agresse ! Elle me pollue la vie !* »

Elle m'en parlera le soir dans la loge, le lendemain, le surlendemain, et cette histoire va devenir le sujet numéro un des jours à venir.

Au final, ils ont quand même réussi à trouver une place dans une voiture pour Laura et Nathalie Baye. Et pendant la dispute, Johnny était dans la première voiture du cortège qui attendait, il n'en est jamais sorti. Vidé, il descendait à peine de la rampe des projecteurs de Bercy et s'apprêtait à entrer de nouveau dans la lumière.

C'est la première fois, il me semble, que j'ai réalisé l'épaisseur de l'inimitié qui opposait la belle-mère et la belle-fille. Dans mes échanges avec Laeticia, j'avais parfois ressenti les premières gouttes annonçant des orages plus violents, ils n'avaient jamais éclaté jusqu'alors, à ma connaissance, toujours masqués sous un grand ciel bleu de sourires. Cette fois, manifestement, à mes yeux, c'était différent.

David, lui, Laeticia semblait l'intégrer un peu plus à son spectre, même si elle me confiera avoir dit à Johnny : « *Quelle honte ! Je viens de me rendre compte que David est à LA, il ne t'a pas appelé !* » Avec lui, le problème des places ne se présentait jamais puisque David appelait directement le tourneur.

Le démarrage de l'histoire qui suivra se situe peut-être là, ou peut-être pas. Peut-être cela a-t-il commencé de manière banale entre une jeune belle-mère qui tente de se faire une place dans la vie trop pleine de son mari et une jeune fille écorchée. Peut-être Laeticia a-t-elle ensuite jeté trop de braises sur ce feu qui couvait, jusqu'à ne plus pouvoir reculer. Peut-être, bien avant la guerre radicale, était-elle déjà allée trop loin. Eux seuls savent réellement le fond de l'histoire.

Est-ce que Johnny se cachait pour voir sa fille ? Je ne sais pas. Je sentais seulement que le sujet était lourd. Chaque fois que j'entendais Laeticia parler de Laura devant moi, je me bouchais les oreilles.

– 5 –

Good morning Vietnam

« *On sait très bien que c'est du vent tout ça, elle brasse de l'air. Mais l'argument du Vietnam est fort, il lui tient à cœur, c'est très bien de se positionner là-dessus et ça va l'émanciper de Johnny.* »

Quand elle me parle pour la première fois de mon nouveau rôle auprès de Laeticia, dans une salle du cabinet d'Ardavan Amir-Aslani, avenue Montaigne, Ségolène Dugué dit ça d'une voix égale, sans fausses notes, comme toujours, débordant quelque peu du cadre de sa mission. Et moi, face à elle, je souris béatement sous les moulures des hauts plafonds.

Laeticia Hallyday, bonne fée des enfants handicapés du Vietnam. Mais oui, quelle bonne idée.

L'association La Bonne Étoile existe déjà, elle a été créée en 2012 par la cheffe étoilée Hélène Darroze et la restauratrice Caroline Rostang pour améliorer le quotidien des enfants défavorisés au Vietnam. Comme Laeticia, Hélène et Caroline ont adopté leurs filles au Vietnam et ont baptisé l'association en hommage à la personne qui les a tant aidées dans leurs démarches, Mme Hang, la madame adoption des VIP au Vietnam.

La Bonne Étoile et Mme Hang, j'en ai fait la connaissance lors d'un premier voyage au Vietnam dans lequel Laeticia m'avait embarquée à la fin de l'année 2013. Cela ne faisait pas encore partie de mon travail, mais son amie Caroline de Maigret, conviée au séjour, venait d'annuler et Laeticia ne voulait pas y aller seule. Je suis partie des images de cinéma plein la tête, Catherine Deneuve dans *Indochine*, les eaux stagnantes des rizières hachurant l'horizon, les chapeaux coniques, j'en suis revenue avec le cœur dans les talons et une culpabilité qui me tenaille encore.

Sorties de la tentaculaire Ho Chi Minh-Ville bourdonnant sous des nuées de scooters et d'autoroutes, qu'allions-nous trouver dans cette banlieue sans fin ? Quand le van s'est arrêté au bout d'une allée de terre devant des murs décrépis, j'ai cru entrer dans une tombe d'immobilité. Cet orphelinat de Go Vap est l'un des plus gros de la ville, 250 enfants dont 80 % lourdement handicapés, trisomiques, autistes, hydrocéphales, victimes innocentes, pour la plupart, de la guerre du Vietnam et du terrible « agent orange ».

Des enfants murés, difformes, qui ne grandiront jamais, ne marcheront jamais, ne mangeront jamais seuls et ne trouveront jamais les bras d'un père ou d'une mère, des enfants que choient comme ils le peuvent, avec une douceur qui fait contrepoint à la violence des images, les nourrices, les kinés et les infirmières du centre. À cette époque, La Bonne Étoile, qui trouve là tout son sens, avait déjà financé la réfection d'appareillages et de salles de kiné, la production de nouveaux corsets, l'achat de jeux d'éveil... Des gouttes d'eau dans le courant de ce Mékong qui emporte tout.

Le soir, enfoncée dans un fauteuil colonial au bord de la piscine du Sofitel Legend Metropole, le plus beau cinq étoiles de Hanoï, je regardais le discret bal des serveurs portant citronnade et fruits glacés sur un plateau d'argent, j'écoutais Laeticia me raconter, comme elle le fait dans les interviews, l'arrivée de ses filles dans le même hôtel, le temps qui s'était arrêté pour elle, l'émotion de Johnny... Je buvais ses mots, moi, à trente-huit ans encore sans enfants, et je pensais au lendemain dans les yeux vides de ces gosses, à cette ville baignant dans une vapeur chaude et puante, au retour à Paris dans ma petite vie protégée et j'avais envie de pleurer.

La voix mi-figue mi-raisin de Ségolène m'extirpe de ma rêverie. Et que pense Laeticia de tout ça ? Elle trouve l'idée « *géniale* » d'incarner La Bonne Étoile et veut « *rendre à ce pays ce qu'il* [lui] *a donné* ».

C'est juste, oui, après tout, Johnny a même déjà financé une école à Ba Vi, à une heure de route de Hanoï, pour enfants et adolescents porteurs du sida, des malades qui vivent comme des pestiférés dans la société vietnamienne, parqués dans des centres où tout le personnel est lui-même atteint du syndrome. Alors j'y crois, à ce nouveau projet. Un peu fatiguée des coulisses du show-biz, je voudrais donner un nouveau tour à ma vie professionnelle, l'humanitaire m'attire et il y a tant de choses à faire avec cette association. Il faut lui donner un estampillage d'utilité publique, la possibilité d'entrer dans le pays sans visa, de se développer. Enfin, de développer l'image de Laeticia au profit de l'association. Lui créer une image, qui n'existe pas encore ou peu, au travers des enfants malades du Vietnam. Voilà la première étape de mon travail à venir tel qu'il m'est présenté par Ségolène.

Laeticia, dévouée et engluée dans la présence de son mari, qui veut devenir quelqu'un, elle aussi. Laeticia qui se regarde dans le reflet de Johnny, et s'y dilue.

Et le Vietnam, donc.

Lady Di au Vietnam. Ou Angelina Jolie. Les idoles de Laeticia, qui m'en a si souvent parlé.

Pour couper court au malaise que j'ai ressenti ce jour-là, j'ai aussitôt pensé aux États-Unis, justement, la patrie du *charity business*, où un nom se met au service d'une cause, ou plutôt l'inverse, sans que personne n'y trouve rien à redire. La philanthropie, ça fait toujours bien. J'ai voulu me rassurer. Restait à définir ma fonction exacte.

« Tu n'as aucun intérêt à apparaître dans l'association, toi. La meilleure option, c'est d'être agent artistique. » Un statut qui me permettra de négocier des contrats et partenariats dont les bénéfices seront reversés à l'association. C'est ainsi que je deviens l'agent de Laeticia qui, par la même occasion, devient une « artiste ». Je n'ai encore aucune idée de ce que je vais moi-même contribuer à créer, une créature médiatique sur fond de bonne action.

Le contrat est signé au début du mois d'octobre 2015 dans le cabinet d'Ardavan Amir-Aslani. Me revoilà au seuil du couloir tapissé de toiles de maîtres habituellement foulé par des pontes du CAC 40, d'Irak ou du Pakistan. Une amie juriste m'accompagne pour le rendez-vous avec Ségolène et l'un des avocats du cabinet. C'est un banal contrat de prestataire de services en honoraires, qui ne me paiera ni des vacances aux Maldives ni la retraite, mais je suis heureuse. Ségolène me reconduit gentiment, la porte du bureau d'Ardavan Amir-Aslani est fermée, je ne le verrai pas cette fois. Je ne peux m'empêcher de repenser à ma première impression quand je l'ai croisé avec son costume à fines rayures, dans ce bureau où se mélangent l'élégance et les richesses du monde. Qu'est-ce qui pouvait bien relier l'univers des Hallyday à ce passionné de géopolitique persane et de spiritualité ? L'avocat des puissants appréciait probablement de défendre les intérêts de la plus grande star du show-biz. Quant à Johnny, on le sait, il était venu ici pour démêler ses ennuis financiers passés et assainir sa situation de demain.

La tête qui tourne sous un ciel poudré de nuages, entre Chanel et le Plaza Athénée, j'entends la lourde porte se refermer derrière ses secrets et je remonte à pied la pente douce de cette avenue Montaigne que l'on surnommait autrefois l'« allée des Veuves ». Sur mon téléphone vont bientôt tomber les messages affectueux et les cœurs de Laeticia. « *Youpi ! C'est fait, on démarre !* » Sa nouvelle vie commence, la mienne aussi.

Dans ma tête, le premier projet dans lequel je veux amener Laeticia est tout trouvé. Il est lié à Aline Rebeaud, une fille extraordinaire que nous avons rencontrée un an plus tôt lors d'un autre voyage au Vietnam par l'intermédiaire de Mme Hang et dont le parcours m'a soufflée. À l'orée de la vingtaine, Aline, une jeune peintre, quitte sa Suisse natale pour un long voyage à travers l'Asie. Au hasard d'une visite dans un hôpital psychiatrique du sud du Vietnam, elle croise un enfant de douze ans enchaîné, reclus dans un coin, que l'on dit condamné. Elle décide de rester pour veiller durant trois mois sur ce garçon atteint de troubles au cœur, au foie et aux poumons, puis elle reste tout à fait. Elle s'installe à Binh Tan, dans la banlieue pauvre d'Ho Chi Minh-Ville, pour y accueillir enfants des rues et personnes handicapées et, quelques années plus tard, elle lance un programme d'éducation, Maison Chance, reconnu par le gouvernement vietnamien en 1988 et progressivement soutenu par des donateurs internationaux. Dont nous sommes.

Tim Aline, comme on l'appelle là-bas, c'est une fille qui parle et regarde droit devant, c'est l'humanitaire incarné dans la férocité de la volonté, celle qu'il faut quand on a le monde entier contre soi. Après Ho Chi Minh-Ville, elle a pour projet d'édifier un autre Village Chance dans le centre, dans la région de Dak Nong, l'une des plus défavorisées du pays. Elle doit lever pour cela un million d'euros et pour la partie scolarisation, elle a besoin de 180 000 euros. Banco. Laeticia a dit oui. En décembre 2015, nous voilà donc parties pour notre premier voyage « *de terrain* », comme le dit Laeticia, sous le signe de La Bonne Étoile.

Ce matin du 2 décembre, le terminal 2E de l'aéroport de Roissy se remplit doucement, une foule internationale se presse aux abords des guichets d'enregistrement. Nous nous sommes donné rendez-vous là avec Laeticia, Sandrine, la secrétaire des Hallyday à Paris, Yaël Abrot, une amie photographe à ses heures que Laeticia emmène partout et qui la shoote partout où elle se trouve, et Mathieu César, un jeune photographe bourré de talent qui ne travaille qu'au Leica et dont les maisons de luxe s'arrachent les clichés. Il incarne la nouvelle génération, les *Inrocks* le surnomment « le Prince noir de la photographie de mode », ses dernières photos des Daft Punk ont fait le tour du monde, j'ai suggéré qu'il nous accompagne, car il donnera un souffle très contemporain à l'image de Laeticia, qui en est enchantée. Des équipes de télévision auraient certainement été preneuses, elles aussi, mais j'ai finalement opté pour la photo plutôt que la caméra H24, pour une raison simple : la vie de Laeticia Hallyday au Vietnam ne peut pas se filmer. Pas encore, en tout cas. Je sais que nous descendrons dans un palace, le Metropole, que si Laeticia a besoin d'aller chez le coiffeur le matin, elle ira chez le coiffeur. On ne peut pas tout montrer et il n'y a que la photo qui reste.

Où est Mathieu ? Toujours pas là. Dans le hall, je commence à m'impatienter, d'autant que Laeticia est en retard, elle aussi, comme d'habitude. Heureusement, Sandrine a déjà procédé à l'enregistrement des cartons dans lesquels Laeticia a entassé tous ses cadeaux pour les orphelinats. Des vêtements de ses enfants, des peluches, des jouets que ses copines lui ont donnés.

L'heure tourne. Je finis par appeler Mathieu. Il a déjà passé le contrôle et nous attend de l'autre côté ! Je raccroche un peu agacée, sans comprendre. Voulait-il éviter la queue ? À aucun moment nous n'attendrons puisque nous bénéficions de l'accompagnement VIP qui nous fera passer tous les contrôles en priorité jusqu'à l'embarquement.

Enfin, Laeticia arrive sous ses lunettes noires et son chapeau, accompagnée de Carl, son chauffeur, qui porte sa valise. Dans la foule, quelques-uns semblent la reconnaître, mais Laeticia est encore loin de sa notoriété actuelle et personne ne réagit. Elle nous embrasse sans quitter ses lunettes, s'étonne que Mathieu ne soit pas là, mais une charmante hôtesse nous indique qu'il est temps d'y aller.

Collée au hublot après une nuit sans sommeil, je regarde, hypnotisée, les tours d'Ho Chi Minh-Ville se rapprocher. Depuis la dernière fois, j'ai l'impression que les gratte-ciel, toujours plus hauts, ont encore poussé. Je cligne des paupières, les yeux gonflés de fatigue, je ne ressemble à rien. Une hôtesse ouvre le rideau qui sépare la classe affaires dans laquelle voyage Laeticia avec Mathieu de la classe premium où nous sommes. Je jette un œil aux rangées de devant, l'aperçois sous son chapeau et ses lunettes, pimpante. Une nuit sur elle, dans l'avion ou pas, peut n'avoir aucun effet. Elle a une peau fine, un grain naturellement éclatant, et depuis trois ans que je la côtoie, y compris au petit déjeuner, je ne l'ai encore jamais vue non apprêtée. Laeticia peut même garder son maquillage de la veille durant la nuit si elle s'est fait maquiller par un grand pro en vue d'un événement particulier, par exemple Thibaut Vabre, parti à la retraite depuis.

Comme il prenait son temps et qu'elle était toujours en retard, au lieu de fixer une séance à 8 heures le matin, par précaution, nous le faisions la veille, quelques retouches suffisant le lendemain. « *Moi, je ne bouge pas la nuit !* », m'a souvent dit Laeticia. C'est vrai, même au petit matin à Ho Chi Minh-Ville.

Les portes de l'avion s'ouvrent, mon téléphone clignote en rafale. Des SMS de Mimi Marchand qui m'envoie des photos de nous à Roissy, prises par des paparazzis. Et m'écrit : « *Ça y est, vous êtes partis !* » Elle me les a transférées pour rire, je ne trouve pas ça drôle. Ce n'est pas le fait que je sois en survêtement et le cheveu défait, mais j'ai la puce à l'oreille. Je viens enfin de comprendre pourquoi Mathieu a passé le contrôle avant nous.

« *Alors, tu m'expliques pourquoi tu ne nous as pas attendues à l'aéroport ?*

– Mais vous n'avez pas vu les paparazzis ? Je n'avais pas envie d'être shooté à l'enregistrement ! »

C'est là que je comprends que leur présence n'était évidemment pas due au hasard. Je connaissais les liens de Laeticia avec Mimi Marchand, mais j'étais loin de m'imaginer ce degré-là. Au petit déjeuner, encore agacée, je montre les photos à Laeticia, qui fait mine de s'étonner. Moi : « *Je ne vois pas l'intérêt des photos de nous dans le hall, c'est quoi le but ?* » Elle hausse les épaules. Longtemps, j'ai eu des doutes parce qu'il y a toujours des paparazzis à Roissy, surtout aux embarquements VIP, c'est logique. Mais pour savoir que nous partions tôt ce matin-là au Vietnam, il fallait vraiment être informé. J'apprendrai aussi par la suite que Mimi a accès au logiciel de certaines compagnies qui lui donne les noms de ceux qui prennent tel billet pour tel voyage. Donc elle sait qui embarque en temps et en heure. Et sur quel numéro de siège. Incroyable Mimi.

Les paparazzis ne nous ont pas suivis dans les dispensaires du Vietnam, mais Laeticia a documenté tout son voyage sur Instagram. Et le programme est chargé, une semaine de visites matin et après-midi, en minivan, entre Ho Chi Minh-Ville et le centre du pays, guidés par Mme Hang dans sa Mercedes avec chauffeur, qui nous indique les structures en attente de financement et ce qu'on pourrait y apporter, des chaises à changer, des médicaments à acheter, une salle à construire ou parfois bien plus.

Dès le premier matin, nous débarquons, un rien vaporeux après les dix heures de vol, à l'orphelinat de Go Vap, où La Bonne Étoile a notamment permis l'emploi d'un kiné à l'année. Comme la première fois, en franchissant le seuil de ces bâtiments poussiéreux, je suis prise au ventre, malgré les guirlandes colorées au plafond et la douceur que dégage le personnel. Dans l'une des salles à l'étage, à côté de celle où sont réunis les enfants hydrocéphales et où je n'ai pas le cœur d'entrer, Étienne, le kiné, est en train de manipuler sur un tapis au sol un gosse à la tête tordue à 90°. La musique d'ambiance et la lumière rosée m'apaisent un peu. Cette salle, c'est aussi La Bonne Étoile qui l'a financée pour stimuler les sens de ces enfants lourdement handicapés.

Laeticia dit quelques mots à Étienne, s'avance vers un petit garçon, s'accroupit, pose délicatement la main sur sa joue et sourit. Un sourire clair, immense. Laeticia ne se force pas, elle a un vrai don d'empathie. Le sourire s'étire. Yaël Abrot, à côté, n'a pas encore dégainé son appareil, elle vit l'instant. Laeticia la fusille du regard. Yaël se reprend et mitraille. Clic ! Clac ! Le directeur du centre lui parle, Laeticia demande aussi sec à voir la photo. Elle sera mise en ligne le soir même.

Yaël est là pour ça, Instagram, je le réalise. Mathieu César qui, lui, est là pour un reportage, un vrai, observe de son coin la scène qui se réitérera tous les jours, plusieurs fois par jour. Et semble un peu désarmé par la vision des enfants malades, la situation. Malaise.

« *Je ne comprends pas pourquoi Mathieu ne fait pas de photos* », me pilonne Laeticia. Mathieu doit prendre ses marques, trouver sa place... Je fais le tampon, comme d'habitude. Au bout de deux jours, il n'a toujours pas dirigé son objectif sur elle, il déteste les poses, elle ne veut être prise qu'en posant. Je sens pointer le drame tandis que tous les soirs, au bord de la piscine du Sofitel Legend Metropole, ou bien le matin au petit déjeuner, un invariable rituel se répète.

Le nez sur son téléphone, Laeticia passe et repasse en revue les photos de Yaël prises dans la journée, les retouche en usant de toutes ses applications, les commente, se les repasse encore, s'admire, se déteste.

« *Ça ne va pas du tout, là, regarde l'œil rond que ça me fait ! Ma Lolotte, laquelle tu préfères ? Celle-là est bien, non ? Tu mettrais quoi comme légende ?*

– *Je ne sais pas…*

– *Mais aide-moi ! Là… Du chaos naissent les étoiles… C'est bien, non ?*

– *Oui…* »

Un soir, fatiguée, j'ai le malheur de lui suggérer d'arrêter de poster tous les jours et de revenir plutôt à Paris avec des photos inédites, pour plus d'impact. Un rictus tordant vers le bas ses commissures frémissantes, elle réplique :

« *Je ne peux pas laisser les gens qui me suivent sans nouvelles !* »

Et la photo est mise en ligne sur Instagram dans la foulée, comme tous les soirs. Dans la journée, il n'y a pas de réseau.

Entre Laeticia Hallyday et le monde, il y a toujours son téléphone. C'est vrai partout, au petit déjeuner, au déjeuner, au dîner, à Paris, LA ou au fond du Vietnam. Plusieurs fois, j'ai ri en entendant Johnny râler, le matin, comme beaucoup de couples : « *Je me suis réveillé dans la nuit et je l'ai encore vue avec son téléphone de merde !* » Mais pourquoi est-ce qu'il m'a à ce point sauté à la figure durant ce voyage ? Pourquoi n'ai-je pas compris avant qu'Instagram ferait désormais partie de l'histoire, tel un formidable ascenseur vers la postérité, une obsession chaque jour plus grande, une documentation nécessaire à la fabuleuse histoire de Laeticia H. ? Son flux incessant nous emporte dans l'impression du tourbillon des Hallyday, de leurs sons, de leur vie intime. « *Story of my life* », m'écrit-elle, un jour de 2016, sur un ton badin, pour ponctuer les mille anecdotes de son quotidien aux côtés de son mari qu'elle passe son temps à capturer, à filmer et souvent à poster. Sa vie est une story, oui, dont je suis devenue tour à tour le témoin, la chef d'orchestre, l'assistante de réalisation ou le moussaillon qui attend d'être appelé par le capitaine sur le pont sous le ballet ricanant des mouettes.

Ce matin-là, la journée s'annonce interminable. Six heures à l'aller, six heures au retour pour aller voir un orphelinat dans le centre du pays. Les rizières s'étirent à perte de vue, la montagne en toile de fond est éclairée par une lumière sublime oscillant entre le vert et le violet. Le minivan roule à toute allure, je suis placée derrière Laeticia, en chemise Saint Laurent, pantalons et baskets à talons Isabel Marant, absente du monde, dans le sien, tenant son téléphone d'une main, grossissant l'écran de l'autre. Aucune connexion possible par ici, évidemment, mais elle regarde les photos d'elle et fait les brouillons des kyrielles de SMS qu'elle va envoyer le soir à son mari et à ses copines pour raconter son Vietnam. « *On roule dans des terres désertiques pour aller à la rencontre d'enfants qui ont besoin d'amour…* »

Une petite maison en béton posée au milieu de nulle part. Nous y sommes. Une nuée de gamins de cinq ou six ans se jette sur nous en criant « *Amène-moi ! Amène-moi !* » L'un me tire par la manche pour que je donne quelque chose. Un peu à l'écart, d'autres, plus grands, nous observent d'un air un peu désabusé, comme s'ils savaient qu'ils ne sont plus adoptables, que leur vie sera toujours ici. Dans le dortoir, à l'étage, une femme assise tient par les pieds une corde qui tire sur un hamac pour balancer le bébé qui est dedans. J'essaie de rester en retrait, je ne me sens pas à l'aise. Les gosses s'agrippent à Laeticia, qui attend que Yaël prenne la photo.

Le directeur se lance dans un long discours de plusieurs minutes, l'interprète hoche la tête. À la fin, elle se tourne vers nous pour traduire :

« *Il est d'accord.*

– *Il n'a pas dit que ça ?* »

Situations parfois lunaires où la langue fait barrage, où il faut débroussailler les doléances, légitimes ou non. Laeticia, qui est dans ce monde comme un poisson dans l'eau, empathique, dit souvent oui à tout, parce que son cœur est touché, parce qu'elle aime donner et veut être celle qui donne. Avec Sandrine, la secrétaire, nous transpirons souvent derrière : « *On rediscutera des modalités et de la faisabilité.* »

Au retour, en regardant défiler ces paysages montagneux où s'enfonce l'oubli, je pense à ces petites mains qui se tendent et auxquelles nous ne pourrons sans doute pas répondre. Je me rassure en songeant aux avancées déjà permises par La Bonne Étoile, à Go Vap, à Ba Vi, de petits miracles, déjà. Laeticia, elle, est de nouveau sur son téléphone. Qu'écrit-elle ? À quoi pense-t-elle ?

Le drame couve. Au troisième jour, Mathieu César n'a toujours pas shooté Laeticia. Il ne peut pas, à l'évidence. Et Laeticia attend qu'il la photographie avec un enfant dans les bras…

Il fait presque nuit. Nous sommes cette fois à Chiang Mai. Nous avons quitté depuis trois heures la ouate coloniale du Metropole quand, en pleine campagne, le minivan nous dépose devant une bâtisse ressemblant à une école abandonnée au milieu d'un terrain vague planté d'une statue bouffée par la pluie et le temps. Sitôt la porte franchie, une violente envie de vomir me prend. Odeur de merde, de vieille pisse. Des mouches volent autour des enfants qui sont parqués pour certains à quatre dans des lits à barreaux. Leurs petits vêtements sont souillés, certains piaillent à hurler. J'ai le cœur arraché. Je veux me sauver et aller fumer dehors. Derrière moi, Mathieu César a l'air choqué. Laeticia ne cille pas, elle est comme il faut, concentrée, à sa tâche. Mme Hang, qui nous suit toujours, abrège la visite : « *On y va.* » Demi-tour. Quelque chose ne va pas.

Dans le minivan, sur le chemin du retour, après une bonne heure de mutisme, Mathieu semble bouillir et au bout d'un moment, il explose : « *Mais on ne peut pas partir comme ça ! On s'en va et on laisse les gosses dans cet état ? On ne fait rien ? Laissez-moi sortir de la bagnole, je shoote, je filme un reportage et je lève du fric pour aider !* » Laeticia s'énerve : « *Mais non, on ne peut pas le faire comme ça, tu ne connais pas le terrain, ça ne se passe pas comme ça !* » J'essaie d'intercéder d'un côté et de l'autre, comprenant les deux points de vue. « *Il est choqué de ce qu'il a vu, peut-être qu'on peut faire quelque chose qui soit en même temps une stratégie de com' pour montrer que tu fais vraiment de l'humanitaire et du terrain…* » Vaine tentative.

Après trois heures de route, nous sommes de retour dans Hanoï. Dehors, la vie grouille. Dedans, personne ne desserre les dents. Alors que nous sommes arrêtés à un feu rouge, je vois Mathieu se lever comme un ressort et claquer la porte du minivan. Il a disparu. Laeticia est folle de rage : « *Mais il se prend pour Kouchner ou quoi ?* » Stress abyssal. Comment va se terminer le voyage ?

À l'hôtel, quelques heures après, la fin de la guerre est déclarée. Laeticia nous envoie à Mathieu et à moi un SMS nous disant, en substance, qu'elle a pris la décision d'aider ces enfants. Je respire, infiniment soulagée. Ses mots sont touchants, pleins de bon sens. Même si nous ne sommes pas au bout de notre peine. Le barnum qu'il va falloir mettre en œuvre pour redemander les autorisations au ministère et à Mme Hang et pouvoir revisiter ce centre…

Le lendemain, la journée est prise par l'inauguration de l'école pour les enfants séropositifs que Johnny avait financée et qui avait déjà été faite à l'occasion de notre précédent voyage au Vietnam. Mais Laeticia veut la photo sur le site de La Bonne Étoile.

Et le surlendemain, nous retournons à Chiang Mai, de jour, cette fois. Il fait très chaud, ce jour-là. La lumière ne fait que rendre la saleté et l'odeur encore plus odieuses. Mathieu disparaît à peine arrivé, il veut être tranquille pour shooter, Laeticia le cherche, s'agace, se rabat sur Yaël qui lui fait des photos. Tout est bien qui finit bien.

Au retour en France, je tombe sur un article paru dans *Paris Match*, « Laeticia, la bonne étoile du Vietnam ». Dedans, j'apprends que depuis que Laeticia est devenue maman, elle a laissé au Vietnam un « *bout de son âme au point d'avoir fondé l'association* » avec ses deux amies, Hélène Darroze et Caroline Rostang, laquelle disparaîtra bientôt tout à fait des écrans au profit de Laeticia. La belle histoire est en marche. Je n'ai rien fait pour décrocher cet article, cette fois-là, qu'importe. J'y reconnais la patte de Mimi Marchand.

Deux jours plus tard, nous avons rendez-vous au Costes avec Mathieu pour voir ses photos. Pourquoi prendre un rendez-vous au Costes ? Pour être vu ?

Quand j'arrive dans le patio, un autre homme est déjà là, il attend. Je le connais, c'est Grégory, le directeur d'une agence de voyages avec laquelle nous travaillons régulièrement. Elle l'a fait venir pour lui parler de l'organisation du prochain séjour des Hallyday à Tahiti où se conclura la tournée de Johnny, elle le rejoindra sur l'atoll avec les filles.

Mathieu arrive. Il semble fier de montrer ses photos en noir et blanc à Laeticia. Son reportage est magnifique, poignant. Ces enfants sans bras, sans jambes, n'ont sans doute jamais été photographiés comme ça et ne le seront plus jamais. Laeticia regarde, fermée, elle ne dit rien. Et au bout du compte, elle lâche : « *Je n'aime pas ma gueule.* » Et celle des enfants, on en parle ?

Mathieu ne veut pas en démordre : « *J'ai des contacts avec le MK2, je suis sûr que si on fait un montage avec la voix de Jean Reno, je peux lever des fonds directs pour ce truc et on le montre au JT !* »

Elle coupe net : « *Oui oui, ça peut être super, mais c'est beaucoup de travail et on a besoin d'agir vite.* »

Moi, j'archive le dossier MK2-Mathieu César et je repense à Ségolène. On ne se servira jamais des photos de Chiang Mai.

– 6 –

Lui, Laeticia et moi

Dans l'encadrement de la porte, Nikos Aliagas, tout sourire, à la télé comme dans la vie. Il est 17 heures, ce soir de mai 2016. Venu en moto taxi jusqu'à la maison de Marnes-la-Coquette, poudré, bronzé, ponctuel, il s'avance dans le grand salon comme s'il était chez lui et claque la bise à tout le monde, Mamie Rock, la grand-mère, les filles, la cuisinière, Carl, le chauffeur… Je grimace. Comme d'habitude, Laeticia se fait attendre. Depuis que je la connais, je l'attends. Rendez-vous est pris à déjeuner à 13 heures, elle arrive à 14 h 30. « *Le trafic…* » L'attente est souvent l'apanage des grands artistes.

Après le voyage au Vietnam, c'est mon premier « coup » pour La Bonne Étoile, cette interview de Laeticia dans *50 minutes inside*, j'en suis très fière. Quel tremplin rêvé pour parler de la levée de fonds que nous avons lancée au retour, avec l'aide d'une attachée de presse, pour aider à financer le Village Chance de Tim Alice dans le centre du Vietnam. Quand nous l'avons revue en décembre, elle nous a dit compter sur nous, pas question de lui faire faux bond !

Le site de financement participatif Ulule ne demande aucun frais, nous demandons 1 euro aux donateurs potentiels, j'ai imaginé une pancarte « *Moi aussi, je veux être leur bonne étoile* » que j'ai fait passer à toutes les connaissances de Laeticia chez les stars (David Guetta, Léa Seydoux, Jenifer…) et j'ai posté leurs photos sur tous les réseaux sociaux. Avec le recul, aujourd'hui, je réalise qu'il n'a pas été question de solliciter David ou Laura, comme si cet « oubli » était évident, intégré… Laeticia a été la première à donner d'elle, bien évidemment. Je l'ai fait prendre en photo dans la chambre de l'hôtel La Réserve, près de l'Élysée, où le magazine *Elle* venait de lui consacrer un shooting, qui d'ailleurs ne paraîtra jamais. Je n'en connais pas l'exacte raison, sinon peut-être que Laeticia n'a jamais été une figure de mode.

Très vite, nous commençons à réunir des fonds. Pour beaucoup, ils émanent de fans de Johnny. Je m'en rends compte, car les donateurs nous demandent des contreparties, des places de concert, des accès à la loge. Pourquoi ne pas jouer là-dessus ? Nous décidons d'en faire effectivement l'offre à ceux qui donnent 100 euros. Pour 10 euros, une photo dédicacée de Johnny est même offerte.

Nous en donnerions bien de Laeticia également, mais les gens réclament leur idole et c'est tout. D'ailleurs, Johnny lui aussi voudrait bien nous aider.

Un jour, dans le grand salon de Marnes, m'entendant parler à Laeticia de la courbe des dons qui ne monte pas assez vite à mon goût, il me dit, d'un air interloqué : « *Combien il vous manque ? Je vais les donner, moi !*

– Mais non, c'est l'exercice de la levée de fonds.

– Je ne comprends pas pourquoi je ne peux pas les donner ! »

Les dons aux associations sont plafonnés à 10 000 euros, loi oblige, au-delà, Tracfin s'en mêle. Impossible donc de donner plus sur Internet. Mais Johnny ne comprend toujours pas.

Quelques jours plus tard, un soir, le téléphone sonne chez moi. Au bout du fil, Laeticia, qui me passe Johnny, énervé.

« *Mais c'est pas possible ! J'y arrive pas ! Et mes copains (très fortunés), s'ils veulent donner comme moi, ce sera bloqué aussi ?*

– Oui…

– C'est débile ! Il faut trouver une solution !

– Il n'y en a pas, c'est la loi ! »

Au final, Johnny fera à l'association un don de 10 000 euros et il ne cessera de me le rappeler en grognant :

« *C'est mal foutu, leur truc, on ne peut même pas donner.* »

Au passage, c'est à ce moment-là que Laeticia commence à recevoir des messages insultants sur

Instagram : « *Faites plutôt des trucs en France, qu'est-ce qu'on en a à foutre des niakoués ?* » À vomir. Après le Vietnam, il faudra peut-être penser à bâtir aussi un projet en France, mais nous n'en sommes pas là. Côté médias, je pollue la vie de l'attachée de presse qui se démène pour décrocher des « papiers » et des émissions parlant de la levée de fonds. Elle en arrive donc à discuter, entre autres, avec *50 minutes inside*. Nikos est un copain de Johnny et son émission est très regardée le samedi soir.

« *On a Laeticia Hallyday et La Bonne Étoile, qu'est-ce qu'on peut faire comme sujet ? On peut parler d'elle exclusivement sur cette facette ?*

– Bien sûr ! Génial ! »

Je suis pied au plancher. Pour commencer, le staff me demande de trouver cinq dates qui ont marqué la vie de Laeticia. Panique. Je voulais à tout prix éviter le mariage à Neuilly, l'adoption des filles et les « Comment va Johnny ? » Pour moi, les dates ne doivent tourner qu'autour de l'engagement humanitaire de Laeticia puisque c'est ce que je veux développer. En face, ça tique.

« *C'est compliqué…* »

Au final, nous arrivons à nous mettre d'accord sur « les premiers pas dans l'humanitaire » et le premier voyage de Laeticia au Mozambique avec l'UNICEF, pour lequel elle a travaillé dix ans avant de cesser la collaboration après que le président de l'époque aurait assez peu goûté la publication de photos de

Laeticia nue à la plage dans un magazine… Mais je n'évite ni le mariage ni la maternité.

Nikos s'installe dans le canapé du salon où Laeticia, en jeans et chemise Saint Laurent, finit de se faire maquiller. « *Attends, je termine juste ça, on est débordés, on voyage sans cesse…* » Après Matthieu au brushing, Mina, la maquilleuse de Johnny, est au pinceau et peaufine son travail d'estompe. Comme souvent, Laeticia a évoqué son désir d'avoir Christophe Danchaud, le maquilleur de Vanessa Paradis entre autres stars, mais il est rarement disponible et coûte très cher, et comme souvent, nous y avons renoncé avant même de l'appeler.

La question du maquillage est récurrente, car Laeticia ne confie pas son visage à n'importe qui. Une fois, cas de crise. Il a fallu trouver un maquilleur de toute urgence pour la journée, Laeticia voulait accompagner Johnny aux Victoires de la Musique après son concert du soir à Périgueux… Mina ne pouvait pas, Thibaut Vabre ne répondait pas, j'ai appelé tous azimuts, cherché un nom chez David Mallett, le coiffeur préféré de Laeticia, mais sa maquilleuse n'était pas disponible. Échanges à l'infini avec Laeticia, situation inextricable. Pas d'autre choix que d'aller avec Johnny le soir même à Périgueux pour profiter de son maquilleur pendant qu'il serait sur scène…

Au fil du temps, j'ai appris à cibler mes combats. Et cet après-midi a déjà commencé il y a longtemps.

Avant l'arrivée de Nikos, j'ai passé une heure ou plus en séance d'essayage avec Laeticia dans la grande chambre à l'étage donnant sur le parc. Elle entre, elle sort du dressing tout en longueur qu'elle partage avec Johnny. Comme à Los Angeles, sa partie à elle regorge de fringues et de chaussures du plancher jusqu'au plafond ; sa partie à lui, je n'ai évidemment jamais osé y pénétrer, j'aurais eu l'impression d'entrer dans un musée, tous ses costumes de scène sont là, d'un coup d'œil, on croit reconnaître une jambe du pantalon à franges argentées de Bercy 1992, on aperçoit des blousons et des jeans noirs. Et on entend Laeticia qui soupire, à côté.

L'essayage est souvent une épreuve, comme quand on se cherche un style et longtemps, Laeticia a cherché le sien. Quoi de plus difficile que de se définir un style quand on est en recherche de soi, obnubilé par sa propre image et ce qu'en penseront les gens ? Elle essaie deux chemises Saint Laurent inspiration cow-boy girl, ça ne va pas, elle se crispe, s'éloigne, descend boire un thé glacé au salon, pianote sur son téléphone, revient une fois calmée. Moi qui déteste ce genre d'ambiance, j'ai souvent l'art et la manière de disparaître à ce moment-là et d'abandonner Sandrine ou quelqu'un d'autre à ma place. Mais ce n'est pas toujours possible. Cette fois, j'ai surtout négocié pour qu'elle se lâche les cheveux qu'elle veut toujours porter attachés, elle se sent plus rassurée, mais je l'ai toujours préférée ainsi, plus naturelle, plus jolie, même s'il faut toujours lisser ses boucles. Les boucles de l'enfance, de la jolie jeune fille au temps du mariage avec Johnny, de l'insouciance.

La nuit est tombée, Laeticia est enfin prête. L'obscurité recouvre les arbres centenaires du parc, le terrain de tennis, au fond, le trampoline des filles. Des fenêtres, nous ne voyons plus qu'un rideau d'ombres. Nikos et Laeticia prennent place sur les chaises rouges de la cuisine éclairée comme un plateau de cinéma, à la table de bois clair. C'est là que nous avons décidé de faire l'interview, la pièce est chaleureuse, plus gaie que le salon noir aux canapés violines où Johnny s'est fait interviewer maintes fois. On se croirait dans l'arrière-cuisine d'un grand restaurant, avec des casseroles rebondies comme des marmites, des ustensiles rutilants et des livres de recettes à n'en plus finir. Une pièce où l'on passe toujours beaucoup de temps, chez eux, au milieu des photos et des tirages Instagram qui tapissent les murs et le frigo, car dans leurs maisons, il y a des photos d'eux partout. Des centaines de photos dans la cuisine, le salon, la bibliothèque ronde, Johnny, Johnny et Laeticia, Laeticia, les filles, les amis. Pas des Polaroid posés façon Post-it sur les murs, des photos agrandies et soigneusement encadrées. De l'amour, des sourires, partout.

La caméra tourne. Je me poste derrière, tendue. À 19 heures, un samedi soir, je me doute bien que ce qui alpague les gens, c'est du Laeticia Hallyday people et pas les enfants du Vietnam. Nikos me fait un clin d'œil : « *C'est bon, ne vous inquiétez pas.* » Et là, il lance Laeticia sur les photos de l'adoption, Johnny embrassant Jade… Elle se met à pleurer, parle de ses filles, très ouvertes, de leurs voyages, de leur préceptrice à Paris, on n'est pas du tout dans le sujet. Crispée, je cherche désespérément son regard, ses yeux croisent les miens, elle continue. À la fin, on en arrive, enfin, à la question sur la levée de fonds.

En retour plateau, j'aurai bien ce que j'avais demandé, Nikos avec le panneau « *Moi aussi, je veux être une bonne étoile* », mais je crois bien que c'est à partir de cette émission que je vais commencer à entrevoir mon travail sous un jour un peu différent. Peut-être plus réaliste.

« *J'étais bien ? J'étais bien coiffée ? Tu as vu ? C'est beau, ces photos de mes filles, quand je revois ça…* »

Moi : « *C'est surtout laborieux, on verra ce qu'il en restera.*

– Oui, je voudrais vraiment voir les images ! »

C'est alors que m'arrive aux oreilles une rumeur qui verrait bien Laeticia bombardée à la une de *Lui.* Au départ, l'idée émane d'une conversation en forme de boutade entre l'homme d'affaires et ex-play-boy de la mode Jean-Yves Le Fur et Pascal Duchêne, un réalisateur de télévision. À la fin 2013, Jean-Yves Le Fur a relancé le mythique magazine de charme avec son ami Frédéric Beigbeder. Des fesses et des seins glam et branchés en couverture. Et pourquoi pas Laeticia Hallyday ?

J'en parle à Laeticia, qui réagit aussitôt. Elle le fera, bien sûr ! Non sans angoisses, mais quelle belle idée ! Toutes ses copines lui déconseillent d'y aller, certaines sont peut-être jalouses, d'autres comme Anne Marcassus lui expliquent que ce genre d'image lui nuira. Moi, je m'interroge longuement, j'essaie de soupeser les avantages et les écueils d'une telle publicité. Et je finis par donner mon accord à une condition : « *OK, allons-y, mais faisons-le dans le cadre de La Bonne Étoile.* »

Dans son grand bureau blanc au-dessus du Flore, Jean-Yves Le Fur acquiesce, tout sourire : « *Sur ce numéro, elle pourra même être rédacteur en chef du magazine et tous les sujets s'orchestreront autour de ses choix.* » Laeticia pourra donner la liste de ses restaurants préférés dans le monde, *mais* elle pourra aussi faire une double page sur La Bonne Étoile. Banco.

L'endroit est fou, très contemporain, il sent la soirée de la veille, les canapés et leurs liserés surpiqués pourraient être signés Sarah Lavoine, les colonnades du Louvre se détachent sur la lumière rasante du soir. Ambiance loft, design et detox. L'appartement de Jean-Yves Le Fur, ex-fiancé de Stéphanie de Monaco et de Karen Mulder, me fait évidemment penser au personnage sulfureux qu'il a inspiré à Maïwenn dans son film *Mon Roi*. Laeticia est installée dans l'un des canapés face à lui, autour de la grande table de bois. Ils se connaissent sans se connaître. Il boit du thé, il lui parle du choix du photographe, David Bellemere. Méfiante, j'en profite pour poser aussitôt les jalons en tirant de mon sac une couverture récente de *Lui,* Gisèle Bündchen sur une bouée flamant rose dans une piscine. « *C'est très beau, mais c'est ce qu'on ne veut pas.* » Hors de question, pour moi, de faire chevaucher une bouée à Laeticia pour La Bonne Étoile. Je ne veux pas de vulgaire, pas de pilosité, non plus. Moi, si pudique à l'inverse d'elle, je me sens obligée, et gênée, d'évoquer clairement les bornes.

« *Pour Laeticia, il faut garder le côté femme de et maman... Il faut absolument que ça reste chic.*

– *Ne vous inquiétez pas, David Bellemere est un grand photographe.* »

Il insiste, il veut quelque chose de très naturel. Laeticia est prête, heureuse. L'édito, le contenu, nous en parlerons plus tard. Quinze jours après, Jean-Yves Le Fur fait le voyage à Los Angeles. C'est là que se fera le shooting.

La piscine bordée de palmiers brille d'un éclat turquoise sous le soleil de LA. La journée penche doucement vers le soir, le canyon derrière baigne dans une lumière dorée. Sébastien, Jean-Yves Le Fur et moi, nous sommes sur la terrasse de bois. Nous avons finalement décidé de shooter chez les Hallyday. Difficile d'imaginer cadre plus sublime que celui de cette maison californienne donnant l'impression de surfer sur un canyon. Et déshabiller Laeticia sur la plage de Malibu nous aurait surtout fait prendre le risque de voir débarquer la police.

Encore fatiguée du voyage en avion, à présent enceinte de six mois de jumeaux, j'attends mollement sur un transat. Johnny est à l'intérieur, dans son bureau, en train de regarder un film sur son écran géant, au milieu des photos de famille, d'Elvis, de Michael Jackson et de ses livres sur le rock. Et Laeticia est là, devant nous, de l'eau jusqu'aux genoux, sur la deuxième marche de la piscine, cheveux courts, tirés vers l'arrière, effet mouillé. Elle pose. L'équipe de David Bellemere lui a donné une culotte chair comme ils le font régulièrement sur ce genre de shooting avant de la gommer à la retouche, elle n'a aucun problème avec le fait de l'enlever, ils ne le lui demandent pas. Elle attend que le photographe braque son objectif sur elle, mais il est en train de déplacer tous les transats du bord avec son technicien. Un boucan pas possible.

Dans mon dos, j'entends un raclement de gorge.

Johnny arrive, en survêtement.

Il me dévisage, une lueur de colère au fond des yeux. Je ne suis pas du tout à l'aise. Que va-t-il dire devant sa femme nue dans la piscine devant tous ces hommes ? Cent fois, j'ai préparé ma réponse dans ma tête.

Johnny, c'est une stratégie, pour Laeticia. Elle est la femme de Johnny Hallyday, mais pas que.

Femme fatale, épanouie et engagée. On la porte aux nues, au propre et au figuré. Tu vois ? Et là, il aurait souri, forcément.

« *Ils vont me ranger les transats, j'espère ?*

– *Euh… oui.*

– *Tu as regardé dans quel sens ils étaient ?*

– *Euh… non.*

– *Il faut regarder, il faut qu'il les remette EXACTEMENT comme ils étaient.* »

Et il s'en va. Le premier de plusieurs allers-retours où il me parlera à chaque fois des transats.

Le soleil de LA ne laisse pas de place pour deux. Il décline. Le shooting est long, Laeticia, top model d'un jour, ne boude pas son bonheur, multiplie les poses lascives sur le canapé, superbe Ève au premier jour de son existence médiatique, et Johnny attend manifestement son tour. Jean-Yves Le Fur a eu la bonne idée de penser à une interview que lui, Johnny, ferait de Laeticia, avec des questions écrites par son copain et ex-gendre Frédéric Beigbeder. À l'époque où l'écrivain était avec Laura, un jour, il était arrivé avec un Armagnac 1943, Johnny l'avait descendu en quelques minutes, de quoi sceller leur amitié.

Nous enfermons donc Johnny dans le bureau avec sa femme et un papier pour les questions. Il se marre en les lisant, on les lui a envoyées la veille, il ne les a pas lues. Il les lui pose, elle répond. « *Tu m'aurais aimé si j'avais été patron d'un bowling ou garagiste ?* » « *Quelle est mon ex que tu aimes le moins ?* »

« *Comment tu fais pour me supporter ?* » Beigbeder en avait aussi écrit deux ou trois sur la drogue que nous avons enlevées. On y apprend que Johnny a foiré sa demande en mariage, que si c'était à refaire, elle changerait bien quelques trucs difficiles dans leur vie et que la chanson qu'elle préfère, c'est *Que je t'aime.*

La soirée s'achèvera au Giorgio Baldi, un restaurant italien de Santa Monica prisé du Tout-Hollywood. Interdite de boisson et fatiguée, je ne profiterai pas de la liesse ambiante, pensant et repensant déjà avec angoisse à ce qui m'attend au retour : la validation des photos.

Mille clichés de Laeticia Hallyday nue devant moi. La culotte chair a disparu à la retouche. Laeticia sublime comme jamais sur le canapé violine, Laeticia en naïade dans la piscine, Laeticia en bikini Petit Bateau délacé. La tête me tourne. Au final, le rendu est celui que j'espérais. Mais là, soudain, devant mes planches, je ne sais plus quoi faire. À quelle heure vais-je lui envoyer ma sélection ? Quel meilleur moment choisir étant donné le décalage horaire et tout le monde autour, Johnny, la grand-mère à côté qui donnera immanquablement son avis ? En réalité, je sais que Laeticia, où qu'elle soit, au petit déjeuner ou dans une station essence, consultera son téléphone. Alors, un soir, je me lance.

Objet du mail : « Validation photos de *Lui.* »

« *Laeti, Je vais t'envoyer les photos. Elles sont super, mais idéalement, mets-toi toute seule dans un coin pour les ouvrir…* »

J'attends. Autant d'heures qu'il en faudrait pour vider cet océan qui nous sépare. Je suis pétrifiée d'anxiété. Et si tout lui déplaisait ? Et si se voir dans le plus simple appareil la choquait, subitement ? Est-ce que cela fait la même impression de se retrouver modelée par Rodin devant tout le Pavillon de l'Alma ou à la une de *Lui* ? Mais pourquoi est-ce que je doute, là, tout à coup ? Cette histoire me rend folle.

Au bout d'un moment, le téléphone sonne. C'est elle. Je retiens mon souffle. « *Wahou ! Il n'y a rien à jeter !* »

Soudain, tout passe, tout glisse. Je suis soulagée, d'autant que dans le numéro il y a bien un article consacré à La Bonne Étoile. Mission accomplie.

Je me suis précipitée de bonne heure pour acheter le magazine qui sort au début de ce mois de juillet 2016 et s'affiche sur toutes les colonnes Morris de Paris. Ray-Ban face au soleil de LA, Laeticia est encore plus belle que dans mon souvenir. J'ouvre. En introduction, je lis : « *En 2012, Laeticia Hallyday a fondé La Bonne Étoile, une association ayant pour but d'aider les enfants défavorisés au Vietnam d'abord, puis dans le reste du monde. C'est donc certainement à elle que Victor Hugo pensait lorsqu'il écrivait : "Aucune grâce extérieure n'est complète si la beauté intérieure ne la vivifie. La beauté de l'âme se répand comme une lumière mystérieuse sur la beauté du corps.* " » Victor Hugo… Est-ce bien à elle qu'il pensait ?

Nerveusement, je feuillette les pages pour y chercher La Bonne Étoile. Elle est bien là, juste en face de Laeticia en pantalon résille au bord de la piscine. Dans un petit article intitulé « Le cœur sur la main », Laeticia incite les gens à donner encore 1 euro car il n'y a pas de petit don. Elle y dit aussi qu'elle va « *sur le terrain tous les trois mois* », car elle en a « *besoin* ».

Le kiosquier ne voit pas mon air ahuri, le nez dans *Lui*. Tous les trois mois ? Je le saurais, ou alors on confond les mois et les années…

Vais-je pour autant dire la vérité à Laeticia tout à l'heure, au déjeuner sur les banquettes rouges du Castiglione ? Impossible. Je soupire. Quelle importance, au fond ?

Le kiosquier me dévisage de manière appuyée, à présent. De quoi ai-je l'air sur le trottoir, vissée à ces seins et ces fesses mouillés de bombes sortant de la piscine ? Mi-honteuse mi-agacée, je referme *Lui* et je tourne les talons, pressant le pas entre les hôtels particuliers du XVIIIe siècle et les boutiques de luxe, le long de cette rue Saint-Honoré si souvent arpentée avec Laeticia, dans le sillage d'une femme au lourd parfum musqué. Est-ce cette overdose de bergamote qui me porte à l'estomac ? Ou bien le Vietnam qui m'a laissé ce goût un peu amer, cette sensation d'un hiatus qui ne passe pas ? Insensiblement, tous les jours un peu plus, je sens se creuser une brisure entre mon moi extérieur et mon moi intérieur dont je parle parfois à Ikel, le soir. Dans la superproduction à laquelle j'assiste et je participe depuis maintenant trois ans, je retouche les photos, je peaufine les angles, je construis une image, j'aide La Bonne Étoile, je gagne ma vie… Tout cela fait-il aussi bon ménage que la légende et la vérité dans la merveilleuse histoire qui s'écrit sous mes yeux ?

Laeticia va rester deux mois en vente. C'est LE numéro de l'été. Elle est folle de joie, elle envoie Carl acheter des piles du magazine, j'imagine le Sicilien en train de se planquer pour demander dix *Lui* au kiosquier. Dans les dîners parisiens, elle parle inlassablement d'elle dans *Lui*, au téléphone avec Guillaume Canet (Johnny et elle apparaîtront dans son film *Rock'n'roll*), elle lui demande s'il a vu le *Lui* comme si elle parlait des *Inrocks,* elle le demande aussi à son avocat Ardavan Amir-Aslani :

« *Vous avez vu le* Lui ?

– *Non, je me le garde pour ce week-end.* »

Elle aimerait bien aussi avoir l'affiche géante pour la mettre chez elle, mais Jean-Yves Le Fur ne me l'a jamais donnée.

Johnny, lui aussi, est content, au début. Mais la campagne d'affichage dure peut-être un peu trop longtemps. En voiture avec eux dans la capitale à ce moment-là, à un feu devant une colonne Morris, je l'entends dire : « *Bon, ça dure encore combien de temps ? J'en peux plus, là.* »

L'été a assisté à la naissance d'une autre Laeticia, elle et Johnny, heureux, s'envolent pour leur paradis de Saint-Barth, je suis sur le point d'accoucher. En septembre, il doit partir pour un road trip à travers les États-Unis.

– 7 –

Princesse des cœurs 2.0

Planté au milieu de la piste de sable parsemée d'obstacles de toutes les couleurs, Johnny a l'air de se demander ce qu'il fait aux pieds d'un cheval de compétition. Près de lui, le commentateur empoigne son micro pour louer les performances de Usual Suspect d'Auge qui a franchi une barre de 2,05 m et Laeticia arbore un sourire éclatant dans sa robe longue hippie chic. Que s'est-il passé ? Je me suis absentée cinq minutes du chapiteau où nous étions tous en train de dîner sur la plaine de Bagatelle au profit de La Bonne Étoile. Cette remise de prix du record du saut en hauteur est le prologue de la soirée, mais il n'était pas prévu dans mon organisation que Johnny soit convié à remettre la coupe les pieds dans le sable… En plein dîner, ils sont venus le chercher et ils l'ont mis là. De loin, je vois Johnny flatter le museau de l'animal d'une main un peu molle et répondre « *C'est très bien* » au commentateur qui lui tend le micro. Je sens que je vais m'en prendre plein la figure.

Il revient s'asseoir à sa table d'un pas lent. Passant devant moi, il m'enfonce son regard métallique au fond des yeux. Ce soir-là, je suis seule avec lui, Sébastien n'a pas pu être présent. Je voudrais ramper sous les obstacles.

Tout a commencé par un appel à Marie Poniatowski de Virginie Coupérie-Eiffel, l'organisatrice du Longines Paris Eiffel Jumping qui réunit tous les ans les meilleurs cavaliers internationaux pour un concours d'obstacles cinq étoiles. Chaque année, le Jumping organise une *charity* autour d'un déjeuner ou d'un dîner dont les bénéfices sont reversés à l'association choisie. Cette fois, pourquoi pas La Bonne Étoile ? À la condition qu'elle organise quelque chose en France, pas seulement à l'autre bout du monde.

Problème : nous ne faisons encore rien dans l'Hexagone. À vrai dire, depuis quelque temps, j'y pense. Les violents messages envoyés à Laeticia à propos des « niakoués » me portent de plus en plus sur les nerfs, il va falloir aider à les contrecarrer. C'est comme ça qu'un jour, j'appelle Martine Brousse, la présidente de La Voix de l'Enfant, la fédération des associations d'Aide à l'enfance, que je connais via La Bonne Étoile, pour lui demander ce que nous pourrions faire de bien en France.

Son action principale au sein de La Voix de l'Enfant porte sur l'aide à la protection des enfants maltraités, au travers notamment de la protection de leur témoignage et de la création d'unités médico-judiciaires pédiatriques, des salles d'audition dans les hôpitaux dédiées au recueil de la parole de l'enfant. Un enfant abusé peut ainsi déposer uniquement dans le cadre de l'hôpital et non plus au commissariat, ce qui lui épargne un traumatisme supplémentaire. Martine Brousse a monté ces structures avec Barbara Tisseron, brillante chef de service pédiatrique et responsable de l'unité d'accueil médico-judiciaire pédiatrique (UAMJP) du CHR d'Orléans dont le curriculum et l'expérience forcent l'admiration. Et elles ont besoin d'argent pour les financer. Une salle vaut 15 000 euros, 25 000 avec le logiciel. Laeticia est enthousiaste. Voilà notre prochaine action française pour l' Eiffel Jumping.

Ce matin de mai 2016, comme à l'accoutumée, Carl a donc roulé à toute allure sur l'autoroute A10, direction Orléans. La Mercedes s'est garée sur un parking dans la périphérie de la ville, de longues jambes en pantalon pattes d'eph perchées sur ses bottines à plateforme en sont sorties et Laeticia, rehaussée sur des talons de 14 cm, s'est mise à marcher tout droit vers Barbara Tisseron qui nous attendait sur le seuil du CHR dans sa blouse blanche.

La rencontre entre ces deux mondes n'était-elle étrange que pour moi ? J'aurais espéré que Laeticia enfile des baskets pour visiter un centre hospitalier, mais Laeticia ne marche jamais à plat.

« *Je ne comprends pas comment tu fais. Moi, je mets ça, j'ai mal aux pieds pendant deux jours.*

– Non, moi jamais. »

Chez elle, elle garde ses plateformes ou bien elle met ses tongs Havaianas à talons en guise de chaussons. Ils lui donnent ce côté femme fatale qu'elle a adopté après les infidélités publiques de son mari, remisant dans son dressing les Converse et les lunettes de vue que je n'ai jamais aperçues. C'était l'image de Laeticia telle qu'on la voyait avant et qui s'est transformée pour reconquérir son mari, comme elle l'a souvent dit. Une nouvelle Laeticia qui ne vit plus que derrière des lunettes de star.

Ses Ray-Ban modèle Aviator, elle ne les quitte plus. Elle les porte du matin au soir, dès le petit déjeuner, à table, devant son café, elle parle comme ça, sans que vous ne puissiez voir ses yeux, ainsi devenus l'objet des rumeurs les plus folles. On dit qu'elle a des cernes alors qu'elle en a très peu, qu'elle n'aurait pas les yeux verts comme sur les photos, mais marron et porterait des lentilles de couleur qui l'irritent, à force… Il est vrai qu'elle veut toujours que l'on mette en avant la couleur de ses yeux sur les photos. Derrière ces lunettes en forme de coquetterie, de miroir réfléchissant, de protection contre les flashs et le regard des autres, Laeticia garde surtout sa part de mystère.

Quand nous étions face à face, dans mon for intérieur, je l'ai souvent regardée avec un secret étonnement, me demandant si c'était Johnny qui lui avait inculqué cette façon de vivre. Lui n'a pas de problème à rester en survêtement toute la journée quand il regarde ses films américains devant son écran de cinéma. Et quand il sort, un rien l'habille, un blouson de cuir, un jean noir, ses bagues, il a une allure folle. Il est Johnny Hallyday.

Et Johnny aime que sa femme soit belle et bien habillée, c'est certain. « *Regardez comme ma femme est belle* », « *Je t'aime, mon amour, tu es la plus belle femme du monde* », lui déclame-t-il au restaurant, devant les amis qui sont là. Laeticia me répète aussi, réjouie, qu'il le lui dit souvent. Elle utilise d'ailleurs cette « obligation » d'être belle pour justifier les sommes folles dépensées chez Saint Laurent, notamment. À chaque fois qu'elle est à Paris, elle passe des heures dans l'immense cabine d'essayage tout au fond de la boutique blanche immaculée, avenue Montaigne, accueillie par la responsable des VIP et des vendeuses qui lui apportent la sélection des nouveautés. Elle va aussi chez Montaigne Market, la boutique de son amie Liliane Joshua, qui a la même à Saint-Barth. Jusqu'en 2017, elle fréquente également beaucoup Dior, mais il suffira qu'elle se sente mal reçue par le staff de la maison de luxe lors des essayages en vue d'un défilé à Los Angeles pour qu'elle cesse définitivement d'y mettre les pieds. Sans compter qu'elle a dû leur payer une robe 12 000 euros pour un autre événement… Cette fois-là, quand j'ai pris rendez-vous de Paris pour qu'elle se fasse prêter des vêtements là-bas avant le show et qu'ils m'ont répondu n'habiller que les égéries, je savais déjà que nous allions au-devant d'un drame.

Le Paris de Laeticia Hallyday, il est là, dans ce carré d'or borné par l'avenue Montaigne pour les boutiques et la rue Saint-Honoré pour le Costes et les dîners d'après-concert dans le patio ou le salon chinois, le Castiglione et ses salades Caesar en terrasse ou encore le concept store de luxe Colette. Dans ce sous-sol tendance et sans fenêtres sur le reste du monde, on mange des salades vertes et des œufs cocotte comme à la maison. Laeticia y déjeune tous les mercredis avec ses filles et les filles de ses copines, quand elle ne va pas, à quelques mètres de là, chez TaoKan, un très chic restaurant thaïlandais, ou bien juste à côté, chez Kinugawa, sa cantine japonaise. Au bas des Champs-Élysées, elle aime aussi se rendre à l'Institut biologique de recherche pour des soins du visage aussi pointus qu'onéreux, ils traitent merveilleusement la peau, les rides, le vieillissement, et elle pousse jusqu'au Palais-Royal ou au Ritz quand il s'agit de confier ses cheveux à David Mallett, qui coiffe le Bottin mondain dans ses salons privés.

Mais qui est la Laeticia sans ses artifices, ses lunettes de soleil, ses vêtements de marque ?

Existe-t-il une Laeticia non apprêtée, au corps non surveillé, que je n'ai pour ma part jamais vue, la côtoyant pourtant si souvent, chez elle, du matin au soir ? À la maison, Laeticia est habillée comme sur les photos que l'on voit dans la presse people. Laeticia ne se laisse jamais aller, encore moins devant Johnny. Laeticia n'apparaît jamais défaite, chiffonnée, elle est coiffée même au réveil, les cheveux brushés de la veille, sinon tirés. Dedans dehors, il n'y a pas de changement de personnage comme on peut le voir chez les artistes qui construisent leur image, leur univers de scène. La créature qui, au fil des mois, se poste de plus en plus sur Instagram est la même dans son apparence que celle que je vois tous les jours. La même que celle qui serre si gentiment la main à Barbara Tisseron sur le perron du CHR.

Les chevaux du Jumping ont fini de tutoyer les nuages. Dans l'« espace réceptif éphémère » qui a été monté sur la plaine de Bagatelle, au bois de Boulogne, Johnny a été installé avec Laeticia à la table du milieu, devant tout le monde. Johnny n'a jamais été passionné par les concours d'obstacles, mais il vient par amour, pour rendre service à sa femme. Bruce Springsteen était censé venir, il n'est pas là, mais autour des tables rondes et nappées de blanc, il y a Guillaume Canet qui a concouru avec son cheval, en famille, Sarah Lavoine, Marie Poniatowski et son mari Pierre Rambaldi, Vincent Perez et sa femme Karine Silla, Luana Belmondo…

Demain auront lieu les enchères qui aideront à financer la nouvelle salle d'audition du CHR d'Orléans. Seront mis en vente les obstacles dessinés par l'architecte Jean-Michel Wilmotte – il n'y a que les passionnés ou les responsables de haras pour s'acheter des barres d'obstacles customisées. Soixante pour cent de la recette ira à La Bonne Étoile, quarante à l'Eiffel Jumping, une répartition qui m'étonne encore. Au total, nous nous réjouirons, car nous récolterons tout de même de quoi financer trois salles d'audition.

– 8 –

« C'est Johnny qui décide. »

Depuis trois ans, j'ai vu évoluer Laeticia à Paris, au Vietnam, à Los Angeles, à Orléans, chez elle, auprès de Johnny, ma relation avec elle s'est approfondie et pourtant, je m'aperçois que je la regarde encore comme on regarderait un cabinet de curiosités, mélange hétéroclite et désarmant de générosité acheteuse, d'empathie câline, de tendresse folle, d'angoisse narcissique et frivole, d'orgueilleux désir, d'obsession du contrôle. Parfaite en apparence, faisant du moins tout pour l'être, imparfaite comme nous le sommes tous, sous la surface.

A-t-elle un « moi » déterminé sous l'enveloppe, un « moi » qui aurait précédé l'ouragan Johnny ? Se souvient-elle de ce qu'elle était avant ce « moi » qui passe d'un regard à l'autre ? Comme les autres, je la vois telle qu'elle se donne à voir, une fabuleuse maîtresse de maison et une cuisinière hors pair dont rêverait tout homme, une fée qui d'un geste fait silencieusement naître l'ordre et la beauté, une présence sereine et sûre à toute heure du jour, qui se donne toutes les peines du monde pour son mari, sa famille, leurs amis. Une Wonder Woman sans qui la maison s'écroule, comme elle le dira elle-même en interview. Avec un peu de ventrèche de thon rouge, trois oignons, du vin blanc, des échalotes, un filet d'huile d'olive et des spaghettis, elle peut vous envoyer au ciel. Laeticia sait recevoir, elle sait vivre, elle peut piquer une colère quant à la couleur des serviettes placées là par la cuisinière parce qu'elle voulait des roses et non des bleues…

« *Mais on s'en fiche des serviettes, non ?*

– *Mais pas du tout ! Tu ne te rends pas compte !* »

Une tache vient froisser la perfection du tableau ? Rien ne va plus, il ne manquerait plus qu'Anne Marcassus, dont la maison est photographiée dans tous les magazines, y trouve à redire… Troublante Laeticia qui veut si bien faire, donner envie, toujours. Être mieux. Et le montrer.

Quel manque comble-t-elle donc ? Est-ce l'empreinte indélébile laissée sur elle par Johnny Hallyday, par son amour pour cet être hors norme ? Probablement. Aux côtés d'une étoile qui aime la dépense, qui associe l'esthétique au prix, il faut briller. Et Laeticia, élevée par des femmes, est dévouée comme pouvait l'être ma grand-mère avec mon grand-père, dans un autre temps. La sienne, Mamie Rock, lui répète : « *Fais ce que ton homme te demande* » ou « *C'est Johnny qui décide* », comme je le lui ai toujours entendu dire. Quand Laeticia a eu envie d'aller dormir chez une copine après un orage comme il en existe dans tous les couples, elle lui a toujours seriné : « *Tu rentres chez toi et tu te tais, c'est comme ça.* » Quand, devant sa tisane menthe tilleul miel citron Tabasco gingembre, un antidote anti-rhume utilisé par les choristes pour leur voix, Laeticia me répète, de sa voix douce aux accents d'enfance, qu'elle s'est levée la nuit pour faire un chou farci à Johnny ou que son infidélité a finalement été une chance, elle y croit, viscéralement, et sur le moment, je suis glacée d'admiration.

Elle l'aime tellement ! Et moi qui ne fais pas dans mon couple le quart de ce qu'elle fait… Laeticia Hallyday, miroir de l'amour, de la vanité, de nos défaillances. Où est le vice ? Je me le demanderai souvent ! Laeticia est un être humain et une femme… Elle ensorcelle autant qu'elle dérange, elle agace certaines des compagnes des vieux copains de Johnny, peu dans le moule de la petite fille comme il faut, et elle s'expose d'autant plus au jugement qu'elle montre tout. Au fil des années, son Instagram, au départ centré sur Johnny, la met de plus en plus en exergue, elle, ses filles, ses copines. La vie de Laeticia H. narrée dans un long travelling qui prend naissance dans son mariage avec la plus grande star française et se finira… à la disparition de l'idole ? L'histoire le dira.

En attendant, je ne peux m'empêcher de continuer à l'observer avec stupéfaction, à la voir dérouler le même personnage dedans dehors, confondant sans cesse public et privé, sans être jamais sûre d'en toucher le cœur, au fond. Laeticia a-t-elle une vie intime ? Laeticia et Johnny ont-ils une vie intime ? À l'entendre, rien n'est simple depuis 2009... Est-ce que cela justifierait de céder aux tentations ? Des questions que je me poserai plus d'une fois, face à ce couple si étonnant, face à une telle abnégation affichée. Comment peut-on vivre sa vie dans cet état de contrôle permanent et en permanence sous l'œil des autres ? Sous la perfection, Laeticia conserve à l'évidence sa part d'ombre qu'elle distribue par bribes à certaines de ces amies, mais personne ne sait tout. Dans mon for intérieur, je me suis souvent demandé qui elle est quand elle se retrouve seule dans sa chambre et referme la porte derrière elle. Ces moments sont rarissimes tant Laeticia, comme Johnny, vit entourée. Ni l'un ni l'autre ne goûtent la solitude et son abîme de silence. Johnny le dit, lui aime être seul au milieu de la foule, mais il n'aime pas être seul dans une pièce, elle ne le dit pas, mais elle n'est jamais seule. Que ferait-elle, seule ?

Été 2016. J'ai quitté la planète Hallyday, sur le point d'accoucher. Lolotte s'est mise entre parenthèses, trop occupée à attendre la délivrance. Laeticia et Johnny, eux, sont en vacances, peu de messages m'arrivent du paradis de Saint-Barth, rien d'anormal. Là-bas, ils sont dans leur bulle. Et en septembre, il doit partir en road trip, remonter la route 66, un projet dont Johnny parle depuis un moment et qui le tient debout. Il l'avait faite plus jeune, mais pas l'itinéraire complet, alors il en rêve depuis sa tournée américaine et il veut y aller avec ses copains, à moto. Il est fatigué, mais personne encore ne sait qu'il est malade, pas même lui.

Ils se sont lancés au départ de La Nouvelle-Orléans pour rejoindre Los Angeles, avalant près de 4 000 kilomètres, traversant huit États. Springfield, la « Gateway Arch » sur les rives du Mississippi, symbole de la longue traversée vers l'ouest, le Grand Canyon, la Death Valley… Quinze jours d'un périple grandiose de retour aux sources de la passion américaine de Johnny. À l'arrivée, Laeticia, queue-de-cheval nouée haut et chemise blanche à collerette, retrouvait son rocker sur Instagram. Photo de famille attendrissante, lui, le regard porté sur les filles, elle, gracieuse, assise à ses pieds, Cheyenne, la chienne trouvée dans une station-service pendant le voyage, dans les bras. Mais le réel excède souvent Instagram. Le réel est souvent plus nuancé que l'idée que l'on s'en fait.

Dès le retour du road trip, Johnny est pris de violentes quintes de toux. Au téléphone, l'un des potes partis avec lui semble inquiet : « *Il est crevé.* » Peu étonnant par 40 °C, le voyage tient de l'épreuve physique. À la fin, Sébastien ne tenait plus sur sa moto. Et à soixante-treize ans, Johnny était le patriarche de la bande.

26 septembre 2016. Lolotte est redevenue Laurence. Dans mes bras, un garçon et une fille, bonheur concret, irréel, absolu.

J'ai envoyé un mot à Laeticia qui m'a répondu avec une gentillesse aussi sincère que débordante, elle qui a tant souffert de ne pouvoir enfanter, qui m'a tant parlé de ce corps lui ayant refusé un enfant, de cet échec en tant que femme, épouse, et qui ne m'a jamais fait sentir une pesante aigreur quand elle me voyait enceinte devant elle. À distance, elle et moi avons repris nos échanges. Nous parlons d'abord – bien sûr – de mes petits, puis de son prochain voyage au Vietnam où elle doit aller poser la première pierre de l'école que La Bonne Étoile a contribué à financer avec les 180 000 euros récoltés après la levée de fonds, avant d'en revenir – très vite – au choix de ses photos sur Instagram, et aux devis « pour hier » du dîner de Noël qu'elle veut organiser en décembre à Paris dans un grand restaurant…

8 novembre 2016, élection de Donald Trump. « *Vertige de l'angoisse,* m'écrit Laeticia. *Love is all we need.* » Son proverbe.

Quelques jours plus tard, nous sommes en train d'échanger sur des robes Gucci que je dois aller chercher pour son futur dîner de Noël quand elle m'annonce, à brûle-pourpoint, qu'elle et Johnny passent une sale période : Johnny doit se faire opérer. Interloquée, je regarde mes bébés baigner dans une torpeur fatiguée, à côté de moi, sur le canapé. Qu'a-t-elle voulu dire ? Inquiète, j'appelle aussitôt Sébastien. Il me répond, d'une voix murmurée :

« *C'est chaud, mais on en a vu d'autres.* »

Comment ça, c'est chaud ? Johnny a toujours ressuscité de tout, des sixties, de l'alcool, des excès, des dettes, des trous noirs, du coma artificiel ! Ce n'est tout simplement pas pensable. Un peu plus tard, j'envoie un message à Laeticia qui me confirme cette fois le mot, cancer. Le cœur serré, j'imagine son angoisse barrée d'un sourire, un sourire éclatant pour rassurer Johnny, son « phénix », son « héros », pour lui dire que tout va bien, qu'ils vont gagner la bataille, fuck le cancer du poumon, qui est pourtant déjà à un stade avancé.

À l'annonce du diagnostic des médecins américains du Cedars-Sinai, en novembre 2016, je ne sais pas si nous avons vraiment pris la mesure de ce qui allait se passer. Aux États-Unis, on tourne les choses de manière plus audible pour ne pas prendre le risque d'être attaqué, personne ne peut vraisemblablement dire à un malade qu'il va mourir dans un an. « *Non, c'est sérieux, mais il y a des solutions…* » Et moi, sur mon canapé, qui étais bien loin. Me voilà de nouveau happée par l'inquiétude, dans la confidence d'une nouvelle qui doit évidemment rester secrète sous peine d'ébranler un pays tout entier.

– 9 –

California Love

Je ne peux pas ne pas y aller. J'ai tourné l'idée mille fois dans ma tête.

Johnny a entamé sa quatrième chimiothérapie, Laeticia le soutient, comme toujours si vaillante, guerrière, une inépuisable combattante qui se vit comme telle, consulte tous les spécialistes possibles pour comparer les protocoles, qui croit à la guérison, la guérison pour seule alternative, mais dans ses tout derniers messages, elle semble flancher. Je sens sa peur, sa peur des mois à venir, sa peur de s'endormir, ses douleurs nouvelles à la jambe, une fracture de fatigue à l'évidence liée au stress. À distance, je me fais du mauvais sang.

À part pour le shooting pour *Lui* l'été dernier, je n'ai encore jamais longuement séjourné avec eux à Los Angeles, j'ai accouché en septembre, je n'ai jamais quitté mes bébés, mais je prends mon billet. Où se situe la frontière entre public et privé dans mon métier ? Au fil du temps, l'intime est devenu partie intégrante de mes missions. Il n'y a plus de distinction possible quand on travaille pour les Hallyday. Dans ces mondes-là, être agent finit par vouloir tout et rien dire – assistant, ami, confident, démerdeur d'affaires, psy pour les bons et les mauvais moments. J'assume sans assumer. Et je pars.

Février 2017. Douze heures de vol dans le vague. Dans quel état vais-je revoir Johnny ? Laeticia m'a fait une description dramatique de la situation. Sébastien est allé passer Noël avec eux, ils ont fait un karaoké posté sur Instagram où Johnny avait l'air plutôt en forme, je ne sais pas du tout à quoi m'attendre.

Le ciel, ce matin, a la couleur d'un miracle, le taxi s'enfonce dans les allées bordées de palmiers où courent des femmes entièrement refaites et tenant en laisse de tout petits chiens. Je me revois vingt ans en arrière, des images plein la tête, en road trip avec ma cousine le long de la côte ouest, dans une vieille Mustang, à dormir dans des motels à travers la Californie, l'Utah, le Nevada, jusqu'à Tijuana au Mexique, le désert à perte de vue, la lumière droite sur la roche, les steakhouses au milieu de nulle part.

Me voilà parachutée dans le LA des séries télé, celui que le commun des mortels ne voit et ne verra jamais. Délimité par Brentwood à l'est, Malibu à l'ouest et l'océan Pacifique et Santa Monica au sud, le quartier de Pacific Palisades convoque un imaginaire de sable fin et de stars cachées dans des bunkers. Les voisins, ici, s'appellent Kate Hudson, Sean Penn ou Dany Boon, alors. Le taxi s'arrête devant le 789, Amalfi Drive. Je sonne au portail de la grande maison blanche, californienne, typique. Cheyenne, l'adorable petite chienne noire et blanche adoptée pendant le road trip américain, s'avance vers moi en remuant la queue. Elle aussi est devenue une *it girl* d'Instagram. Comme dans *La Rose pourpre du Caire* de Woody Allen, je rentre dans le film. La vie des Hallyday est tellement postée et repostée qu'elle laisse un étrange sentiment de virtuelle familiarité.

Je suis plantée devant la porte, les bras ballants.

C'est lui qui ouvre. Johnny, en blouson.

Il s'apprêtait à sortir. Il est beau, il se tient droit, il me fixe de ses pupilles bleues. Médusée, j'ouvre la bouche sans pouvoir émettre un son.

« *Quoi ? Qu'est-ce qu'il y a ?* »

Je bafouille, il me fait entrer pour abréger la réponse et nous nous asseyons à la table de la cuisine pour boire un Coca Zero. « *T'as pas perdu ton poids…* »

Il se marre, moi aussi.

« *Ils ont quel âge déjà ? On dirait que tu as accouché hier !* »

D'un autre, je l'aurais probablement mal pris. Avec lui, j'ai l'habitude. Une fois, alors que nous étions dans une chambre d'hôtel, lui, Sébastien et moi, voyant à la télé un type un peu enrobé, Johnny avait lâché : « *Je ne peux plus blairer les gros.* »

Devant son Coca ,il poursuit ses blagues. Il est vraiment en forme…

Entre Mamie Rock, qui s'assoit en bout de table avec sa Vogue menthol et se mêle à la conversation. Johnny ne l'écoute pas, me confie qu'il a arrêté de fumer, il a eu peur. Puis arrive Laeticia, en béquilles, qui revient d'une séance de kiné. Elle est suivie de son amie Zofia, la femme de Jean Reno qui est venu voir Johnny et a dû repartir, laissant Zofia ici quelques jours. Je l'avais croisée à l'anniversaire de Laeticia, mais c'est la première fois que je la rencontre vraiment. Une fille drôle, gaie, avenante, ancien grand mannequin, adepte de green detox et de yoga, à la fois très simple et new-yorkaise. Le parrain de son fils est Jay-Z, un vieux copain. Elle peut aller voir Beyoncé dans sa loge après un concert, elle n'en fait jamais état, mais tout le monde le sait malgré tout.

La vie à LA commence. Dans la maison, chacun vit à son rythme, Zofia, fraîche comme une rose, se réveille très tôt, Mamie Rock s'attelle au tricot d'une écharpe sur l'un des canapés du salon, la cigarette collée à la lèvre inférieure. Albert, le PA (*personal assistant*), un brun d'une quarantaine d'années au sourire corporate, s'affaire à changer une ampoule dans le salon avant de s'occuper du courrier, du paiement des employés ou d'assurer le lien entre le trustee américain et Sandrine, la secrétaire des Hallyday à Paris, pour diverses questions administratives. Les deux cuisinières arrivées très tôt ont déjà dressé la table du petit déjeuner digne d'un cinq-étoiles et commencé le ménage des chambres quand tout le monde se lève, à tour de rôle. Johnny est bien, il est en forme. Son coach arrive, les deux descendent s'enfermer dans la salle de sport au sous-sol de la maison, renforcement musculaire, cardio, haltères, tapis. À chaque fois que je vois Johnny remonter, ruisselant de sueur, je me dis : « *Il l'a tué, le gars !* » Jusqu'au bout, même atteint, même affaibli, Johnny Hallyday m'impressionnera.

Je dors dans des draps roses et me réveille au milieu des peluches dans la chambre de Jade, à l'étage, sur le même palier que les chambres de leurs parents, de Syl, la nounou, et de Mamie Rock. Les chambres des filles sont considérées comme des chambres d'amis puisqu'elles dorment avec leurs parents, comme Laeticia l'a dit de nombreuses fois en interview. Jade dort avec eux et Joy sur un matelas au bout du lit. Laeticia était tellement heureuse quand Jade est arrivée que la petite n'a jamais eu de lit bébé, elles ont toujours dormi ensemble.

Les journées, avec Laeticia, sont les mêmes à LA, à New York ou à Paris. Le matin, elle descend au petit déjeuner en pyjama de soie Victoria's Secret avec ses lunettes de soleil et son téléphone, elle s'installe, fait défiler les commentaires parus sur son post

Instagram de la veille, s'arrête sur celui-ci ou celui-là d'un « *nobody* » comme certains le disent dans son monde, regarde les profils des gens qui l'intéressent. En fond sonore, la télévision, souvent branchée sur BFM, renvoie l'écho d'un monde à la fois si proche et si lointain. Johnny n'est pas toujours très causant, mais il reste Johnny et personne ne se lève de table s'il ne se lève pas. Une fois le petit déjeuner fini et les filles prêtes, Syl prend place au volant de son Audi 4 X 4 pour les conduire au lycée français, Laeticia est à l'arrière avec Jade et Joy ; à la grille bleue, le voiturier ouvre la portière des filles et sort leurs cartables du coffre, Laeticia les embrasse ; nous passons alors au Starbucks de Santa Monica prendre un café ou chez The Butcher's Daughter à Venice Beach, nous revenons à la maison, elle dit qu'elle doit travailler, je l'attends, puis nous repartons déjeuner à Malibu chez Nobu, ce restaurant tout en bois posé sur la plage, la « Billionaire's Beach », face au Pacifique qui rougeoie au soir tombant. Sur le parking, les Lamborghini jouxtent les Porsche, Laeticia aime y commander toute la carte des poissons crus, comme chez Sushi Zo, l'un des meilleurs japonais de LA, où elle aime aussi aller. L'endroit, terne, est collé à un Starbucks et donne sur un parking où ont été prises maintes photos paparazzées de Laeticia, mais il offre un incomparable voyage gustatif. Le chef décide du menu en fonction de la disponibilité du poisson et l'on vous sert en suivant une quinzaine de sushis à se damner, huîtres du Japon à la sauce ponzu et nigiri de première classe, riz de texture parfaite. L'alternative, c'est l'incontournable Gjelina sur le boulevard Abbot Kiney, « la rue la plus cool d'Amérique », à deux pas de la plage. Les artistes bohèmes y côtoient ce que LA fait de plus pointu, des restaurants vegan, des cafés exclusivement consacrés au thé vert, des festivals de musique et de food. À chaque fois, Laeticia commande pour tout le monde. Mamie Rock est souvent là. Et nous passons des heures à déjeuner en regardant les skaters en route pour leur cours de yoga.

L'après-midi est généralement bien entamé quand nous partons faire du shopping dans Pacific Palisades, souvent chez Elyse Walker, une boutique de luxe multimarque sur le même modèle que Montaigne Market à Paris et Saint-Barth, où Liliane Joshua conseille souvent Laeticia sur sa façon de s'habiller. Chez Elyse Walker, Molly, la vendeuse, est aussi devenue une copine, Laeticia s'identifie au mannequin dans la vitrine, furète entre les présentoirs, craque pour trois robes à fleurs à 2 000 euros, un jeans flare Stella Mac Cartney et trois gilets façon Far West de la marque Alanui – la facture et les vêtements lui sont souvent envoyés après coup. Nous ressortons pour aller chez la manucure ou bien chez Mèche, son coiffeur de Beverly Hills. Un brushing là-bas coûte le prix d'un loyer, on y croise des clones de Charlize Theron et des femmes de soixante-dix ans qui ont toutes des dentitions brillantes. Puis Laeticia dit : « *On va faire les courses !* » Insensiblement, je me crispe. Nous ne sommes pas encore rentrées…

Le rapport que nous entretenons à la nourriture parle souvent de ce que nous sommes. Chez Laeticia, qui a tant parlé de son anorexie plus jeune – cette lutte qui fait du corps une alternance de pureté et de souillure –, il rime avec excès, générosité, angoisse du vide. Il y a des soirs où j'ai l'impression de n'avoir fait que manger toute la journée : nous sortons de déjeuner, nous revenons nous changer et Laeticia a booké un *early dinner* sur Abbot Kiney… Chez elle, il y a toujours de quoi nourrir vingt personnes, la chambre froide est garnie comme un grenier et Gelson, le supermarché green et bio du coin où elle se rend souvent avec Syl et moi, donne envie de tout acheter. Loin des néons blafards de Carrefour, le rayon frais court sur des kilomètres sous une lumière tamisée, l'épicerie fourmille de marques inconnues, Laeticia peut farfouiller une heure dans le rayon des condiments chinois et japonais et au retour, dans le Caddie qui déborde, il n'y a pas un poulet rôti, mais quatre, dix packs de canettes… Pour la famille, pour les amis qui viendront et s'additionneront à table, quand nous n'irons pas dîner dehors au Giorgi Baldi ou ailleurs.

Ainsi glisse la vie, dépensière et oisive, dans la torpeur ensoleillée de LA, dans ce tableau que voile pourtant une ombre encore dissimulée au monde entier.

Laeticia a beau tout faire pour vivre sa vie sans rien y changer, je la sens plus tendue qu'à l'accoutumée. Agrippée à son téléphone, elle attend les résultats qui tombent. Il semblerait que la maladie continue de faire son nid.

Johnny est en chimiothérapie, même s'il n'a rien changé à ses habitudes, lui non plus. Quand nous allons déjeuner dehors, il ne vient pas, sauf si Sébastien est là ou s'il aime le restaurant dans lequel nous allons manger. Partout dans la maison résonnent les détonations des westerns, de types qu'on égorge ou la grosse voix des télés qu'il regarde sur les multiples écrans plats de chacune des pièces du rez-de-chaussée et de l'étage. Une voix qui peut émaner de plusieurs télés branchées sur plusieurs programmes en même temps, une cacophonie qui couvre la peur surgissant parfois tel un caillou jeté à la surface d'une eau parfaitement étale et dont le mouvement va propager autour de lui des cercles à l'infini.

Un soir, à la fin d'un dîner avec des amis de passage, Johnny semble ailleurs, rentré en lui-même. Depuis un moment, il ne ne dit plus rien quand, tout à coup, son visage se fige. « *Je ne vais pas m'en sortir.* » Un silence, court, très court, s'épaissit tout autour, plus personne ne parle et soudain, Laeticia le brise dans un sourire. « *Mais si !* » Et tous les amis de reprendre ses mots en chœur.

Touchante Laeticia, qui se démène pour ramener de la vie et du monde dans cette maison où plane la maladie, qui ne semble pas vouloir mesurer la gravité de la situation, qui force la main à son mari pour le tenir en vie, qui fait tout ce qui est en son pouvoir pour repousser l'heure. Bientôt un nouveau disque, une nouvelle tournée… Je la regarde avec ses yeux qui sourient, j'y lis une forme de détresse enfantine, aveugle et j'ai la boule au ventre d'assister à pareils moments.

Le matin, souvent, au téléphone, Hélène Darroze prend des nouvelles, inquiète, et me répète : « *Il faut qu'il rentre se faire traiter en France.* » Difficilement pensable, en effet, de faire suivre Johnny en oncologie à Saint-Barth l'été prochain, même s'ils iront quand même, avec un service qui se déplacera là-bas en août pour lui administrer ses traitements. Et au Cedars-Sinai, même s'il est considéré comme un patient VIP à l'étage des VIP, Johnny n'est qu'un patient comme les autres. Si on le convoque à 6 heures du matin, il faut qu'il y soit, à l'américaine.

Alors il faut sauver Johnny, il faut l'empêcher de mourir.

Je repense à ce dîner et je me le demande encore, quand il a lâché ces mots, Johnny avait-il la conviction profonde de sa fin prochaine, lui qui l'avait tant défiée toute sa vie ? Savait-il tout, absolument tout, de l'évolution de cette maladie qui gagnait du terrain ? Ou avait-il juste besoin de lâcher une soupape, à ce moment précis, pour conjurer l'angoisse ? Comme souvent le soir, il a disparu à l'étage avant tout le monde.

Le lendemain, Laeticia n'a rien mangé de la journée ni rien bu, comme à chaque fois qu'elle est violemment contrariée, ou stressée. Dans les deux années qui viendront, je la verrai ainsi perdre beaucoup de poids en quelques jours, je m'en inquièterai. « *Je suis bloquée. Mes démons reviennent* », me répond-elle et je ne sais comment l'aider, cherchant, comme toujours, les signaux annonciateurs du mieux-être qui survient quand elle se remet à cuisiner et à manger, beaucoup. C'est que le soleil de Los Angeles brille de tout son éclat, c'est qu'autour d'elle tout le monde est à sa place.

La semaine est finie. Cette fois, je n'ai pas parlé de travail avec Laeticia, sauf pour évoquer le prix Clarins qui doit lui être attribué dans un mois, à Paris. Elle a été élue « femme de cœur » de l'année pour son engagement humanitaire en France au travers de La Bonne Étoile et des salles d'audition, en partenariat avec Hélène Darroze. Une belle vitrine et 45 000 euros versés à l'association, ce n'est pas rien.

Mon avion est dans une heure. Drôle d'état, anonyme au milieu de la foule dans cet immense hall traversé de touristes, de types au look d'ados californiens en T-shirts graphiques et de stars cachées derrière des lunettes noires. J'ai l'impression de sortir d'un caisson à mille lieues au-dessus de la Terre, je vais reposer un pied en France où personne ne sait encore rien, je me sens à la fois triste de les laisser, triste de savoir Johnny malade, préoccupée pour Laeticia, surtout, et heureuse de retrouver mes bébés qui m'ont tant manqué.

Je ne suis pas non plus mécontente, à dire vrai, de quitter une ambiance familiale dont je supporte difficilement les replis et les lourdeurs. Laura va bientôt venir voir son père, un « compromis » que Laeticia fait pour son homme, car elle n'apprécie pas sa fille plus qu'il y a un an : à la différence de sa mère, adorable, Laura est une fille à papa, elle va encore passer son temps au bord de la piscine à se dorer au soleil et Laeticia va encore « *prendre tellement* » sur elle...

Étrange, cette piscine dans laquelle je n'ai jamais vu personne se baigner, ni à Paris ni à LA, je m'en suis souvent fait la réflexion. Donc Laura s'y baigne et c'est mal vu !

5 mars 2017, je suis rentrée depuis une semaine quand plusieurs coups de tonnerre résonnent dans le ciel des Hallyday.

Les derniers résultats de Johnny ne sont pas bons. Les cellules toxiques se propagent.

Le même jour, le compte Facebook de Laura publie une lettre révélant que son père souffre d'un cancer du poumon avec des métastases dans le foie, l'estomac et le pancréas – on saura plus tard qu'elle a été piratée. Le pays est sous le choc. La maladie de l'idole ne peut plus rester tapie dans l'ombre, elle éclate au grand jour, sous la lumière crue des feux médiatiques. Gros titres. Lettres de sang. Le phénix, l'invincible est touché et avec lui, chacun d'entre nous. La mort convoque Johnny, celui avec lequel nous avons grandi.

Je voudrais retenir la nuit.

Laeticia, au téléphone, est ivre de colère, elle hurle, vitupère, me dit que Johnny est furieux, il se sent trahi. Il ne voulait pas avoir à répondre de ça, ses états de santé.

« *Merde, je sors un album, je fais une tournée, mais on ne va me parler que de ça !* »

Le mystère organisé n'est plus.

Sébastien, de concert avec Laeticia et Ardavan Amir-Aslani, décide de faire publier une tribune via Facebook et Instagram : au soir du 9 mars, Johnny y parle pour la première fois de son cancer. « *On m'a effectivement dépisté, il y a quelques mois, des cellules cancéreuses pour lesquelles je suis actuellement traité.* » Mais il veut avant tout rassurer ses fans. Il est suivi par les meilleurs professeurs. « *Mes jours, aujourd'hui, ne sont pas en danger. C'est un combat que je mène fièrement avec ma femme Laeticia et mes proches.* » Et il conclut : « *À bientôt sur scène.* »

– 10 –

Fuck the cancer

Johnny est malade, c'est officiel. La voix de la France est menacée. Le pays veut savoir ce qui se trame, penché au bord du vide que laisserait la mort de son étoile comme on le serait du haut d'une falaise. À partir de là, plus rien ne sera jamais comme avant.

La machine médiatique a pris feu, chaque jour les titres s'enchaînent et se déchaînent, les paparazzis campent devant la porte à Los Angeles et Johnny devient fou. On n'est jamais à l'abri qu'il aille droit sur eux pour les insulter, leur casser la gueule ou leur faire un doigt d'honneur pendant que Laeticia a le dos tourné. Johnny ne supporte pas les paparazzis, encore moins depuis que ces images de lui en fauteuil roulant à la sortie de l'aéroport ont circulé, en 2009, des images qui l'ont meurtri.

« *Si je ne suis pas imprimé, je suis déprimé* », disait-il, mais imprimé en costume de Johnny Hallyday, pas en patient d'hôpital.

Sur Instagram, Laeticia, elle, affiche un calme à toute épreuve, assure que son homme « *continuera à défier les lois de la nature* » et orchestre la communication en concluant tous ses posts par le hashtag #FuckTheCancer. Elle s'est proclamée chef de guerre de la planète Hallyday. Et moi, je ne suis pas tranquille, je ne suis plus tranquille.

Nous sommes à quelques jours de la remise du prix Clarins. Que va faire Laeticia ? Viendra-t-elle comme prévu pour recevoir son titre de femme de l'année ou déclinera-t-elle, au vu des circonstances ?

Soulagement. « *J'ai décidé de venir* », m'écrit-elle. Elle va finalement se déplacer à Paris pour quarante-huit heures, en béquilles, pour recevoir ce prix qui les honore, elle et La Bonne Étoile.

Ce 14 mars 2017, de chez moi, à Paris, je suis tous ses déplacements en temps réel. Toutes les photos paparazzées de Laeticia m'arrivent en cascade sur mon téléphone portable. Mimi Marchand me les envoie en direct.

« *Ah tiens ! Ils viennent de partir !* »

Les photographes mitraillent Laeticia Hallyday arrivant à l'aéroport de LA sous ses lunettes de soleil en fauteuil roulant, elle tient ses filles par la main, les embrasse. Je tique. Le staff de Clarins m'a fait part de son souhait d'une certaine discrétion, de sobriété, pour conserver au prix son image noble, humanitaire. Difficile d'imaginer que l'engagement de leur « femme de cœur » à l'égard d'enfants dans le monde soit parasité par la presse people. Depuis le voyage au Vietnam et celui à LA, j'ai déjà observé l'attitude ambiguë de Laeticia vis-à-vis des paparazzis, elle semble se confirmer. Était-il nécessaire, quand votre mari s'appelle Johnny Hallyday, que toute la France se préoccupe de son sort, et que des photographes campent devant chez vous, d'emmener les filles à l'aéroport au risque d'être shootée sous tous les angles ? Était-il nécessaire de garer la voiture sur la route plutôt que dans le garage pour y monter, à l'abri des regards ?

J'ouvre les photos de Mimi, mi-interloquée mi-agacée. Mais quelle casse-pieds, cette Mimi ! Quelle tannée d'être riche et célèbre ! À ce moment-là, je ne me dis pas autre chose, ou plutôt, je ne veux pas m'en dire autre chose. Le storytelling s'écrit là, sous mes yeux, et je ne le vois pas, non, je me rassure, Laeticia ne se rend pas compte de la portée de ses actes, comme parfois Johnny ne se rend pas compte de celle de ses dires. Elle laisse Johnny alors qu'il est malade, les petites ont peut-être insisté pour venir à l'aéroport…

À Sébastien, je confie mon agacement à l'encontre de Mimi :

« *Ne te mêle pas de ça. C'est un deal, ça fait vingt ans que c'est comme ça, tu ne vas pas changer les choses…* »

Je ne comprends rien. Parfois, quand Mimi m'envoie des photos, je ne comprends pas si c'est pour que je les valide dans le cadre de mon travail habituel pour Laeticia ou bien pour rire. Je réponds : « *Si c'est pour validation, ces trois-là, tu peux les dégager.* » Et parfois, elle ne les enlève pas. Alors c'est qu'il y a bien quelqu'un, derrière Mimi, pour dire : « *Non, c'est bon !* »

Parfois, je ne réponds même plus.

« *Tu n'as pas reçu ?*

– *Si, j'ai vu. Et donc ?*

– *Ah là là… Elle était obligée de se mettre devant les photographes ? Qu'est-ce que tu veux que je dise à mes mecs ? Forcément, ils shootent !* »

Et je ne sais jamais qui fait exprès, qui dit la vérité, jusqu'à ce que je comprenne que ces envois de photos sont une manière tacite de les valider, puisque Laeticia a laissé shooter. Tout est parfaitement organisé. Plus tard, bien plus tard, j'ouvrirai les yeux : j'en arriverai à la conclusion que Laeticia informait Mimi de ses heures de départ et d'arrivée. Après coup, je réaliserai que tout fait partie de la narration d'un conte de fées moderne. Traverser les États-Unis et l'Atlantique pour revenir récupérer un prix humanitaire à bout de forces, dans un fauteuil roulant, quelle belle histoire !

À l'arrivée à Roissy, les paparazzis sont encore là. Dans la voiture avec Carl au volant, sur le parking où arrivent les passagers qui ont voyagé dans la Première d'Air France, j'attends Laeticia. Je m'apprête à sortir pour aller la saluer quand Carl me dit : « *Ne sors pas, Laeticia arrive, on va la glisser dans la voiture.* »

Assise à l'arrière, j'ai l'impression d'être dans un film d'espionnage. Pourquoi ne sortirais-je pas ? Elle vient de recevoir un prix, elle a mal à la jambe, son mari est malade, je peux quand même sortir de la voiture et l'embrasser !

« *Non !* »

Quelques jours plus tard, *Voici* publiera des photos de Laeticia montant dans la voiture, sans parasite sur la photo.

Salons de l'hôtel Salomon de Rothschild, 8e arrondissement. Laeticia, les yeux agrandis d'émotion, vit le moment telle une consécration. « *C'est tellement merveilleux…* » Être sur la photo avec Christine Janin, médecin et alpiniste qui aide les enfants malades à gravir l'Everest, sœur Emmanuelle, Mireille Darc, Marie-Claire Noah… Moi aussi, je suis fière d'elle. L'an dernier, elle n'avait pas eu le prix car son action ne portait pas sur la France or Clarins, dans sa charte, doit obligatoirement financer et mettre en avant des actions dans l'Hexagone. Cette fois, elle l'a et je crois en la quête d'absolu de Laeticia, je crois qu'une partie d'elle résonne dans cette idée de redonner ce que l'on nous a donné. Même si elle n'en oublie pas, avant la remise du prix, de me houspiller sur le dîner qui va suivre dans le restaurant de Jean-François Piège. Elle souhaite y voir certaines de ses copines, mais pas toutes. Et je dois le leur signifier. Au fil du temps, dans le monde de Laeticia, il y a toujours des têtes en grâce et d'autres en disgrâce et les amitiés tournent autant que les ressentiments.

L'après-midi qui précède le prix est dédié à la presse. Je suis débordée par la somme des demandes qui ne concernent à l'évidence pas le prix, mais la santé de Johnny. Le staff de Clarins lui-même semble déstabilisé par la quantité de sollicitations, je la joue à l'américaine : « *On n'est pas là pour parler de Johnny* », j'en déçois, mais Laeticia ne peut de toute façon s'empêcher d'en parler.

Le soir, dans la salle des séminaires, beaucoup de journalistes accrédités sont encore là, assis dans la salle, des féminins, *Paris Match*, *Gala*, *Voici*, *Ici Paris*… Mimi Marchand est là, elle aussi. Christian et Olivier Courtin-Clarins, les patrons de Clarins, ouvrent le bal, retracent le parcours prestigieux des femmes qui ont reçu le prix l'année dernière, puis arrive le tour de Laeticia à la tribune, qui doit lire son discours écrit par Hélène Darroze. Je l'ai relu, stupéfaite de voir qu'Hélène, par pudeur, par amitié et par compassion pour Laeticia, s'est effacée de cette association dont elle est pourtant la coprésidente.

Nous l'avons encore lu et relu, puis nous l'avons saupoudré de quelques mots-clés de Laeticia. La bienveillance, l'écoute, l'amour, la foi, le don de soi, l'abnégation, la dignité, la résilience, la noblesse d'âme, le partage, la sagesse, *Love is all we need*, il y a tout un lexique.

Après une réflexion de plusieurs jours, nous avons aussi délibérément écarté Johnny. Les journalistes ne retiendraient que la phrase sur lui ! Et moi, je voulais mettre en avant les salles d'audition, Martine Brousse… J'étais prête à me porter garante de ce choix et à aller lui en parler : « *Johnny, on n'a pas mis ton nom, sinon on ne va parler que de ta maladie.* »

Un peu tremblante, butant sur les mots, Laeticia a empoigné sa feuille. Et à la fin, la voix pleine de larmes, elle a susurré :

« *Je veux aussi dédier ce prix à mon mari, ma source d'inspiration quotidienne par la détermination et la force dans les combats qu'il a menés…* »

Le lendemain, sur tous les articles parus en ligne : « Laeticia rend hommage à Johnny. » Quant au prix et à la cause, ils sont presque éclipsés.

Quelques jours après, lors d'un petit déjeuner Clarins, toutes les lauréates sont là, Christian et Olivier Courtin-Clarins aussi, ils serrent les mains, l'ambiance est détendue. Je les vois s'approcher de ma table, s'asseoir un peu gênés et pencher la tête vers moi pour me parler :

« *Nous n'avons pas l'habitude de côtoyer toute cette presse, vous savez… L'actualité des Hallyday a un peu court-circuité la noblesse du prix…* »

Clouée sur mon siège, je n'ai su que répondre et ne l'ai pas dit à Laeticia qui, elle, était restée sur son nuage.

Laeticia commençait à être Laeticia Hallyday. C'était le but.

Un peu plus tard, Clarins m'a appelée pour me signifier qu'un deuxième chèque nous serait remis au profit de La Bonne Étoile, mais qu'il était inutile de venir. Ils nous l'enverraient.

Je suis entrée dans un monde, un cirque qui me dépasse. Je sers une cause, mais je ne sais plus très bien laquelle. Mais est-ce si grave, au fond, si l'objectif est atteint ? Je n'ai pas l'âme d'une héroïne avec mes kilos de bonheur dans les bras tandis que Johnny, lui, se bat contre la maladie, contre lui-même. À Los Angeles, la star rentre en studio, répète son nouvel album avec Maxim Nucci et Yarol Poupaud. Maxim dit les paroles, assis sur un canapé, Johnny les écoute, les murmure, qui est le maître ? Qui est l'enfant ? La voix sort, sublime, puissante, à pleurer.

« *Comment rester debout*
Quand l'orage se réveille
Au fond du cœur des hommes ?
Et le soleil se couche
La rage en moi me rappelle
Que je ne suis qu'un homme… »

Laeticia, revenue à ses côtés, parle de ce temps suspendu comme d'une magie dans une routine de plus en plus pesante. Elle sent son homme se fragiliser de l'intérieur sans que rien ne soit visible, elle m'envoie de longs messages racontant la peur, l'envie forcenée d'y croire, les espoirs dans le nouveau protocole. Elle a contacté les services les plus réputés du monde, une clinique spécialisée de New York, un hôpital au Canada… Elle veut savoir s'il y aurait encore d'autres protocoles accessibles à l'étranger. Autour d'elle, c'est à celui qui donnera le meilleur conseil, le meilleur contact et en sortira grandi. Jusqu'au bout, Laeticia fera tout pour sauver Johnny. Jusqu'au bout, elle croira à l'impossible, car Johnny, elle le dit et le répète, est plus robuste que le commun des mortels. Pour son mari, « *mi-homme mi-Dieu, il va y avoir un miracle* », me dit-elle.

Il le faut, car le 29 mai, ils reviendront en France pour la tournée des Vieilles Canailles avec Jacques Dutronc et Eddy Mitchell, comme l'a voulu Johnny. Laeticia n'y était pas favorable, craignant qu'il ne tienne pas le coup : une vingtaine de dates, deux à Paris-Bercy, c'est très lourd, quatre semaines à assurer un concert quasiment chaque soir, dans tout le pays. Le premier est prévu le 10 juin, à Lille, le dernier, le 5 juillet à Carcassonne. Mais Johnny est Johnny : *« Si je ne fais pas cette tournée, je meurs. »* Donc la question s'est éteinte. Il retournera chanter en France. Et ils ne reviendront jamais ensemble à LA.

Dans l'attente du départ, la vie californienne continue, donc, entre les soins à l'hôpital et les diverses obligations de Laeticia. Laeticia et Johnny sont invités à assister à un défilé Dior dans les canyons de Malibu, les essayages me fusillent les nerfs, Laeticia en veut à la maison, s'estimant reçue comme une « *option sur un tableau de deuxième catégorie* » ; elle est invitée par sa voisine Kate Hudson au lancement de sa ligne de sport en partenariat avec Demi Lovato au Beverly Hills Hotel, elle pose avec Johnny, poste la photo sur Instagram… Ainsi s'écoule le temps jusqu'à la fin mai, quand les derniers résultats tombent, à la veille du départ : ils se sont encore assombris.

Laeticia a un genou à terre, m'écrit-elle, une expression qui reviendra très souvent et qu'aujourd'hui, je ne peux m'empêcher de relier à ce mal qui a affecté sa jambe durant plusieurs semaines et dont elle m'a si souvent parlé. J'y ai d'abord vu la blessure de quelqu'un qui veut toujours rester debout.

Comme toujours, donc, Laeticia se relève et repart à la guerre, au combat, comme elle le dit. Johnny est soigné par des « *professeurs exceptionnels* » dont David Khayat à Paris (c'est Hélène Darroze qui les a mis en contact). Et ils l'ont rassurée. Non qu'ils feront disparaître la maladie, mais il y a un moyen de la maîtriser, donc de prolonger la vie. Associés à la nature divine de son homme, « *boosté par les flots d'amour déversés sur lui par tous leurs amis* », il n'y a rien qui puisse résister à ce cocktail.

Son désespoir me touche, me submerge, me gêne. Heureusement, en ce début du mois de juin, sitôt le pied posé en France, Laeticia doit faire la couverture de *Grazia*.

De nouveau, je l'ai négociée pour La Bonne Étoile avant que la maladie ne soit officielle. À présent, vu le contexte, j'ai bien conscience de marcher sur une ligne de crête : il ne faut pas que ce soit indécent, pas trop cher, pas trop mode, pas trop Saint Laurent. Une forme de pudeur s'impose.

Le photographe, Fred Meylan, a une maison de magazine, californienne, entièrement construite de pierres et de bois Red Cedar, surplombant le golfe de Porto-Vecchio et il y fait souvent ses shootings. Johnny ne viendra pas, il démarre ses répétitions à Paris. Laeticia est aux anges, j'en suis contente pour elle, cette bouffée d'air lui fera du bien. Elle me le dit sans me le dire, Johnny n'est pas un patient des plus simples, au quotidien. Laeticia est la femme, la mère, l'infirmière, la chef des opérations médicales, elle vérifie tout, court après son mari pour une piqûre à laquelle il rechigne et se prend ses humeurs de plein fouet.

« *Je ne la ferai pas ! Tu me casses les couilles ! Tu ne sers à rien ! Tu ne fais que m'emmerder ! Tu me pollues la vie !* »

Elle fait quand même venir l'infirmière, il hurle de plus belle et Laeticia est humiliée plus souvent que d'ordinaire. Elle a les mots pour le décrire : « *Il a fait son sale gosse, c'était dur.* » Ou : « *Il a peur, il m'envoie balader* ». Elle contient un amour rageur, elle le sublime en dévotion. Mais que pense-t-elle vraiment ?

C'est un moment de simplicité où toute la pinède semble respirer de la lumière. Le soleil est descendu sur la mer, au loin. La journée sur les hauteurs de Porto-Vecchio s'achève dans un souffle de fraîcheur. Je regarde Laeticia, légère, souriante, enchaîner les verres de Fiumicicoli, le rosé de la région. Une douce griserie se répand autour de la table en terrasse de ce restaurant sous les figuiers. Fred a choisi cet endroit en contrebas de chez lui plutôt que le bar clinquant de la plage. Je souffle, moi aussi, goûtant ces moments parmi les meilleurs que je passe avec elle, elle parle de tout et de rien, elle est drôle, elle se détend. Comme si elle pouvait enfin se laisser aller, comme si elle n'était plus Laeticia Hallyday, mais la petite Laeti du Cap d'Agde, bercée d'insouciance et d'embruns. Et tout à coup, je perçois une inflexion dans sa voix, qui se tord, un rire qui se resserre.

A-t-elle pensé à Johnny, sans doute seul dans le grand salon de Marnes, ce soir-là ? S'est-elle dit qu'elle ne pouvait pas être détendue quand lui allait si mal ?

« *On est dans un combat, j'ai un genou à terre, c'est très compliqué, très dur, mais mon homme est un surhomme…* »

J'ai entendu les mots, le champ lexical revenir au galop et je l'ai vue, en un éclair, sans doute imperceptible pour les autres, se reconcentrer et se remettre dans la position de l'interviewée. La journaliste de *Grazia* était parmi les convives, elle prenait des notes dans sa tête. De nouveau, Laeticia était en représentation. Son storytelling à elle parle de souffrance, de chimiothérapie, d'abnégation. Complexe femme dont on ne sait plus si elle dit les choses, des choses si intimes, pour les faire croire ou parce qu'elle les vit, pour les sortir d'elle ou les exhiber.

La parenthèse aura duré cinq minutes.

Le lendemain, le ciel sur la mer est pareil à de l'eau claire. Le shooting reprend au bord de la piscine. Laeticia s'élance, joue avec l'objectif, plonge. Pause au soleil. Le coiffeur enduit ses cheveux d'huile pour leur donner un effet mouillé, elle met la capuche de son peignoir pour ne pas qu'ils sèchent, Fred Meylan la mitraille. Comme souvent, elle va voir le rendu sur le combo et s'apercevant sur les photos, demi-sourire et tête doucement penchée sous la capuche, elle déborde d'enthousiasme :

« *Oh ! Waouh ! Il y a quelque chose de divin dans cette photo !* »

Précisément, je redoute que la connotation divine nous retombe dessus, je tords le nez, je n'aime pas ces photos, je le dis et sur ce, le photographe arrive :

« *Oh non, s'il vous plaît, épargnez-moi ça, on dirait la Vierge !* » Laeticia est très déçue à l'idée qu'on les retire. Le téléphone sonne. Elle court décrocher

– où qu'elle soit, Laeticia décroche, même à table. C'est Mamie Rock, qui donne des nouvelles de Johnny et raconte ce que l'infirmière a fait. Laeticia s'assoit sur le canapé pour continuer la conversation en FaceTime que tout le monde entend. Difficile, après coup, de dire à la journaliste que Laeticia Hallyday est un être pudique et ne veut pas parler de la maladie de son mari…

Le soir, dans la voiture qui nous ramène à l'aéroport de Figari, le photographe est au volant, Laeticia assise à côté de lui, je suis à l'arrière avec la journaliste. Et de nouveau, le téléphone sonne, mais cette fois, c'est une autre histoire. Au bout du fil, Carl bégaie que Johnny ne va pas bien, il est au bord du malaise.

D'angoisse, Laeticia se met à hurler.

« *Mais qu'est-ce qu'il a ?* »

Le téléphone coupe, comme toujours en Corse. Laeticia pianote nerveusement sur son écran. La tension est montée d'un cran dans la voiture. Johnny est si fragile…

« *Mais qu'est-ce qu'il a ?!*

– Mais je ne sais pas, Madame. Je ne sais pas.

– Mais soignez-le ! Je ne suis pas là ! »

Les aigus de Laeticia sont vrillés d'énervement. Tout le monde autour d'elle retient son souffle. Très mal à l'aise, je regarde le photographe et la journaliste, médusés, ils doivent se dire qu'ils vont assister à la mort de Johnny en direct. Que c'est long, Porto-Vecchio-Figari.

Je bombarde Sébastien Farran de SMS :

« *Prends une moto taxi, va voir Johnny à Marnes ! Aide-nous !* »

Un peu plus tard, SMS de Sébastien, arrivé à Marnes en trombe : « *Tout va bien.* » Carl renchérit : « *Sébastien est en train de boire un verre de blanc avec Johnny.* » La tension redescend comme elle a grimpé. D'un coup.

À l'aéroport, Laeticia retrouve son plus beau sourire. Dans l'avion, peu avant le décollage, le téléphone resonne, c'est Maxim Nucci qui veut parler de l'album en cours. Elle lui raconte ce qui vient de se passer dans la voiture. Comme elle parle un peu fort, je le lui dis, elle me rembarre, le gars derrière nous lui réclame un selfie, un autre lui demande comment va Johnny, l'hôtesse lui apporte un verre d'eau, tout le monde est au courant. Je suis épuisée.

De retour à Paris, il faut encore faire l'interview pour l'article qui doit paraître à la fin juin 2017 dans *Grazia*. Je demande le papier pour le relire, comme je le fais toujours, contexte oblige. L'article intitulé « La fille aux cheveux clairs » l'encense, nous corrigeons simplement deux ou trois choses. Elle y dit que cela fait vingt-deux ans qu'elle vit avec Robocop, qu'elle sait être une bonne guerrière, qu'elle est tout pour lui, sa femme, sa confidente, son assistante personnelle, son amie. En introduction, il restera une photo avec la capuche.

« *C'est l'interview qu'on attendait depuis si longtemps* », conclura-t-elle.

Et j'ai envie de m'arrêter là, j'ai envie qu'il n'y ait pas de suite.

– 11 –

Le taulier, c'est lui

« *La Seine a de la chance, elle n'a pas de soucis…* » Les mots simples de Prévert me reviennent en mémoire. Ce 6 juin 2017, je marche sur la passerelle qui conduit à l'île Seguin, à Boulogne, les nappes charriées sous mes pieds semblent me regarder comme un miroir. J'ai mal dormi. Je me demande dans quel état je vais retrouver Johnny.

La dernière fois que je l'ai vu, c'était il y a déjà six mois, à Los Angeles. Depuis, tant de résultats sont tombés, Laeticia et lui ont vécu tant de montagnes russes… À la pointe de l'île se dresse le haut vaisseau de la Seine musicale, qui semble flotter paisiblement. Johnny est là, en répétition avec ses copains Jacques et Eddy, prêt à lancer la tournée des Vieilles Canailles. Sur le seuil du studio RIFFX, je m'arrête, la gorge nouée.

« *J'aime les filles… des magazines…* »

Je ne le vois pas, mais sa voix, étincelante, semble s'échapper des murs. Elle n'appartient pas à un corps malade, cette voix, elle est, simplement. Elle parle des sixties, d'insouciance, de Johnny dans les magazines. Mon cœur se serre en entrant.

Ils sont assis sur des tabourets, les trois compères, tous en veste de cuir noir. Il est au milieu, l'œil aigu. La fatigue et l'émotion se lisent sur son visage, mais il a une allure folle. Il n'a pas perdu ses cheveux, les médecins ont tout fait pour respecter ce souhait. J'en pleurerais.

La dernière tournée est lancée. Dix-sept dates dans toute la France, jusqu'au 4 juillet. On a connu moments plus confiants. Les producteurs, Sébastien, Laeticia... Tout le monde attend les premiers concerts sur des braises. Comment fera Johnny, toujours en traitement, pour résister à un rythme aussi infernal ? En milieu d'après-midi, il part de Marnes pour prendre l'avion, il chante et une fois le concert terminé, il revient à 3 heures du matin en jet privé pour dormir chez lui, toutes les nuits. À chaque fois que je le verrai avant qu'il ne monte sur scène, je me demanderai comment il va faire. À chaque fois, j'en sortirai lestée d'un poids, d'une sourde inquiétude. À chaque fois, il emportera avec lui la foule des Zénith, archicombles. C'est ce que Johnny voulait, c'est ce qui le rendait heureux.

Je ne fais que quelques dates et n'assiste pas à tout, d'autant que je me refuse à entrer dans la loge où officie le kiné, qui le suit sur toute la tournée. Personne n'y accède à part Laeticia, Sébastien, Mina la maquilleuse ou Mathieu le coiffeur, personne ne voit ce qui s'y passe réellement. Les photographes de Bestimage sont tenus à l'écart. Les producteurs attendent généralement sur le côté, fébriles, et il n'y a aucune meute autour de Johnny. Plus que jamais, Laeticia se fait forteresse, le protège, le motive, l'encourage avec les filles, qui sont souvent là et me touchent, toujours. Devant la porte, tout le monde attend que leur père sorte et fasse le show… Laeticia m'impressionne, elle prend sur elle, n'affiche pas son inquiétude, ne nourrit aucun stress : « *Ça va aller, tu es bien, tu es beau ce soir.* » Elle est amoureuse et elle fait le job qui arrange tout le monde, car les intérêts financiers en jeu sont lourds. Les producteurs ont investi beaucoup d'argent. Pièce maîtresse, maîtresse femme, elle est en fin de compte celle qui sauve le show et ne boude pas son plaisir quand Pierre-Alexandre Vertadier, le patron de Décibels qui produit la tournée, la renvoie à ce rôle : « *Merci, grâce à toi, Laeticia, il est sur scène.* »

Les jours de concert, Johnny revit. Les lendemains, l'euphorie retombe, la fatigue cumulée à l'attente de la prochaine date noircit l'humeur et Laeticia prend le vent de face, comme toujours. Et puis il y a des moments plus difficiles. « *C'est dur, ce soir* », murmure Laeticia. Alors, la porte se referme avec le kiné derrière et nous retenons tous notre souffle, sans savoir combien de temps les soins vont durer. Eddy Mitchell et Jacques Dutronc se tiennent à l'écart, ils n'osent pas y aller, eux non plus. Ils vont repartir et Laeticia trépigne, elle leur en veut, terriblement, sans rien leur en dire. Les rapports entre elle et Eddy ne sont pas nimbés de chaleur. Elle s'agace que le producteur des Vieilles Canailles attribue 100 places à chacun des trois chanteurs, c'est beaucoup, elle est habituée à en avoir 150, elle ne comprend pas, elle veut sur son quota « ses » invités, ses amis stars, qui parfois sont aussi ceux d'Eddy, tel cet acteur très connu… Elle me dira que nous ne l'avons pas invité assez tôt. Je voudrais en finir à jamais avec ces places de concert.

Un soir, Laura est dans la salle de Bercy. Elle s'est glissée parmi les spectateurs pour venir voir son père. Sur scène, les trois complices portent des lunettes noires, rivalisent avec malice sur *Les Playboys*, *Les Cactus*, *Be bop a lula…* Les voix se mélangent, font chalouper les têtes. *Toute la musique que j'aime* enflamme la salle, balayée de faisceaux de lumière. Et c'est l'heure des remerciements, comme il y en a toujours à la fin d'un spectacle, mille personnes à gratifier d'un petit mot, les proches, Emmanuel Macron, Line Renaud, Bernard Montiel, les autres stars présentes dans la salle…

Johnny empoigne son micro et la voix émue, il remercie sa femme et « [ses] *enfants* », Jade et Joy.

Juste avant le concert, comme d'habitude, Laeticia est venue vingt fois dans la loge pour lui dire de ne pas oublier de remercier untel ou untel dans la salle et cette fois-là, elle n'a pas parlé de Laura.

Johnny est de retour dans la loge. Les amis proches sont là, ils l'entourent, le félicitent avant de le laisser face au miroir. Et là, devant tout le monde, Laeticia arrive et lui dit, catastrophée : « *Tu as oublié de remercier Laura !* »

Johnny accuse discrètement, mais il ne dit rien.

Carcassonne, 5 juillet 2017, dernier tour de chant. La lune répand une lumière douce sur le théâtre de la cité médiévale, plein à craquer. Johnny est d'humeur badine, il baisse le micro de Jacques, pince les fesses d'Eddy. La foule se lève quand Jacques rejoint Johnny pour le duo sur *Tennessee,* Eddy cabotine sur *Lèche-Bottes Blues*, tout le théâtre est debout quand Johnny attaque *Gabrielle*, Greg Zlap, l'harmoniciste, prolonge son solo de trois minutes et met la salle à l'envers... Johnny, Eddy, Jacques, l'accord parfait, les gamins de retour sur la scène de nos vingt ans, ils ne peuvent pas mourir, leurs chansons sont éternelles. Alors que résonne *Toute la musique que j'aime*, Johnny s'éclipse en coulisses et revient en tenant par la main Jade et Joy, qui s'avancent timidement sous les projecteurs, vêtues du même sweat orné de palmiers. Pour la première fois, elles sont montées sur scène aux côtés de leur père, ces petites filles aux yeux ébahis. Ce sera le dernier concert de sa vie.

Pendant la tournée, Johnny n'a pas dit un mot de son état de santé, mais il a puisé en lui tout ce qu'il avait pour l'achever et semble très fatigué. Sera-t-il en mesure de partir pour retrouver son paradis de Saint-Barth ? En ce début d'été, il veut y aller, il n'en démord pas, tout l'appelle, là-bas. Et dès lors qu'il le dit, la décision est prise, il n'y a rien d'autre à faire.

En attendant, la chimiothérapie se poursuit à l'Hôpital Américain de Neuilly. Et Laeticia doit encore remplir une obligation : inaugurer la salle d'audition d'Orléans financée grâce à la vente aux enchères de l'Eiffel Jumping. Elle s'inquiète du discours qu'elle doit y prononcer, je dois préparer cet événement important avec elle. Alors, de temps en temps, bon gré mal gré, je monte à l'étage VIP de l'Hôpital Américain.

Impossible de venir voir Johnny Hallyday comme je viendrais voir un ami, impossible de le regarder allongé dans cette chambre qui, comme les autres à cet étage, ne ressemble pourtant pas à une chambre d'hôpital aux murs délavés, mais à une pièce parmi d'autres dans une suite spacieuse. Laeticia est souvent dehors, sur la terrasse, et je l'entends, lui et sa grosse voix : « *Ça va Lolotte ?* »

Je ris dans mon for intérieur. Johnny est debout. Je voudrais ne retenir que ces moments dans ces murs blancs.

12 juillet 2017. Assise dans le salon à Marnes, j'attends. En haut, Laeticia est en train de finir

de s'habiller. Ces essayages me rendent toujours nerveuse. Dehors, les voitures attendent le départ pour Orléans où nous devons aller inaugurer la salle d'audition avec Barbara Tisseron au CHR. Laeticia descend l'escalier en pantalon pattes d'eph Saint Laurent et chemise blanche à collerette sous une veste bleue.

« *Je crois qu'il faut mettre un soutien-gorge, Laeticia, on va à l'hôpital.* »

Je n'ai encore jamais vu Laeticia ne pas être overdressed. Elle peut aller au Puy du Fou en chemise blanche à manches longues en pleine canicule, sortir déjeuner en robe de soirée ou partir en pattes d'eph voir des médecins.

La voiture démarre, je sens bien que l'angoisse monte en elle. Nous relisons ensemble le discours. Laeticia est rarement à l'aise à l'idée de parler devant tant de monde. Peur de l'échec, manque de confiance en elle, difficulté à être elle-même et plus seulement la femme de, de parler en son nom, celui dont elle écrit l'histoire tous les jours. Cette fois-là, dans le hall de l'hôpital en forme de rotonde, elle s'en sortira très bien devant la cinquantaine d'officiels, fière de porter un tel projet auprès de femmes comme Barbara Tisseron et Martine Brousse. Les flashs crépiteront et nous rentrerons à Paris pour un dîner prévu avec ses copines chez Hélène Darroze qui m'a valu de belles sueurs froides. Ces dîners de filles, c'est moi qui les organise la plupart du temps. Laeticia aime retrouver sa bande, Johnny ne vient jamais.

Et j'avais compris, cette fois-ci, que Laeticia voulait le faire « chez Hélène », c'est-à-dire à son domicile… Or son restaurant s'appelle aussi « Chez Hélène ». C'est toute la difficulté d'avoir des amis chefs étoilés. Sur le chemin du retour d'Orléans, il a donc fallu que je prévoie de faire apporter des cocktails et de la musique chez Hélène pour que ce soit plus « *funky* ».

Les derniers résultats de Johnny dessinent un immense sourire sur le visage de Laeticia. Ils semblent meilleurs, à l'orée de cet été. Le miracle a peut-être eu lieu. Alors ils s'envolent le 28 juillet pour Saint-Barth et s'ouvre une parenthèse pendant laquelle je n'aurai plus de nouvelles. Avec la maladie de Johnny, je sais de toute façon que mon travail avec Laeticia ne peut plus être le même. Il devient désormais impossible de mettre en place des campagnes avec une marque comme Vuitton ou une autre plus populaire façon H&M. Les mois à venir seront forcément consacrés à la vie qui s'en va.

Je pars en vacances en Corse, les messages se taisent, mais je suis la story sur Instagram : Laeticia en maillot de bain rouge, les bras en croix sur le sable de l'anse du Gouverneur, Laeticia, Johnny et les filles dans la piscine, Laeticia tout sourire sur un bateau, Laeticia sur un matelas pneumatique, Laeticia et Johnny dansant en boîte de nuit… Tant qu'il y a Insta, la vie continue.

– 12 –

Et la Terre entière s'est couverte de brouillard

Septembre 2017. L'ouragan Irma a dévasté le paradis de sable blanc, soufflé des maisons entières, des écoles, des hôpitaux, traîné des corps dans la boue. Laeticia, très touchée, affolée, regarde les informations en boucle toute la nuit. Johnny et elle sont à peine revenus de leur été à Saint-Barth que le vent s'est déchaîné. Dans la grande cuisine de Marnes, la télévision résonne encore plus fort que d'habitude. Johnny, fatigué, s'inquiète lui aussi de sa maison, qui semble être restée intacte même si des bungalows sur pilotis en contrebas se sont effondrés, il appelle son avocat : « *Est-ce que les assurances vont marcher ?* » Il y tient, à son refuge, l'un des plus beaux de l'île, il en aime la vue, prodigieuse, le calme, la vie au ralenti, le luxe d'une île qui permet d'être seul sur une plage : « *On est peinards, pas comme à Saint-Tropez.* »

Je suis assise à la table de la cuisine, je suis là comme tous les jours ou presque, comme je viendrai tous les jours jusqu'à la fin, pour soutenir Laeticia. Elle me fait de la peine, derrière son sourire. Sa silhouette déjà menue s'est encore amincie. Je les regarde tous les deux hébétés devant la télévision, comme s'ils sentaient confusément s'éloigner leur paradis, comme s'ils sentaient que l'été passé là-bas serait le dernier. Personne ici, pourtant, ne semble s'attendre à la fin, personne ne semble même y croire, nous sommes dans un tunnel dont l'issue ne peut être que la guérison ou du moins « *une vie possible avec la maladie* », comme le répète David Khayat à Laeticia. Souvent, il vient, sa bonhomie se veut rassurante, il nous parle aussi à nous, les « accompagnants », évoque François Mitterrand qui a survécu dix années à sa maladie, ou d'autres cas d'exception. Laeticia se suspend à ses lèvres, l'assaille de messages. Et Johnny enregistre encore en studio. C'est qu'il y aura un album, une tournée, la réalité d'un bonheur.

Je n'ai encore rien entendu, mais je sais que sa voix y est intacte, d'une force rare, pure comme au premier jour. Johnny n'a pas touché une cigarette depuis le début de la chimiothérapie qui se poursuit à l'Hôpital Américain, chaque semaine.

Laeticia sort encore le midi dans Paris pour aller déjeuner avec une copine chez Kinugawa, au Royal Monceau ou chez TaoKan. Je l'accompagne souvent, nous faisons des courses, nous passons le temps. Un jour, alors que je sors de l'épicerie du Bon Marché avec elle et qu'elle est rentrée dans la voiture, je m'éloigne pour faire quelques pas, un homme me suit. Sur le passage clouté, il accroche ma veste :

« *Johnny, il va s'en sortir ou pas ?*

– Je ne sais pas.

– Mais vous venez de quitter sa femme ! »

À la fin du mois de septembre, Laeticia vient même à l'anniversaire de mes enfants. Des parenthèses où elle souffle un peu, oublie la pression. Le soir, elle reste avec son homme et les filles. Bientôt, elle ne sortira plus du tout. Il s'angoisse si elle part, l'interroge pour savoir où elle va. Tyrannie d'un corps livré à la douleur qui se sent flancher, d'un mental d'acier qui redoute tant la mise à l'écart du rythme du monde, d'un couple de vingt ans qui se repousse autant qu'il s'attire.

Laeticia et ses copines sont en boucle sur la maladie, les symptômes, les traitements, les menus de Johnny. Tout le monde en parle, tout le monde attend des nouvelles, donne son avis sur David Khayat, tout le monde attend d'être invité dans le sanctuaire même si peu, dès cette époque, y accèdent vraiment. Toujours les mêmes, Marie Poniatowski, Anne Marcassus, Caroline de Maigret, Hélène Darroze et moi, les copines de Laeticia, la garde rapprochée. Avec Johnny, elle reste normale, battante, enjouée ; avec nous, elle s'épanche, confie ses angoisses, nous sommes là pour ça.

Là pour ça… J'écris ça comme si c'était une évidence d'être là, dans la maison de Johnny Hallyday, à Marnes-la-Coquette, et de vivre les derniers jours derrière ces murs clos, alors que tout en moi s'y refuse… Quand est-ce que cela a commencé ? L'un de ces matins, quand j'ai enfourché la moto taxi qui allait m'emmener là-bas. J'ai ressenti une boule dans mon ventre, grosse comme une éponge, qui a durci au fur et à mesure que nous progressions dans l'allée serpentant entre les grosses villas aux volets fermés, jusqu'au portail noir. Elle ne me quittera plus, cette boule, jusqu'au bout.

Quand j'ai signé mon contrat d'agent avec Laeticia, il y a deux ans, rien n'indiquait que je serais un jour destinée à accompagner le dernier tour de chant… La fin de Johnny me plonge dans un abîme. J'ai aimé cet immense artiste vivant, comme tout le monde, je ne veux pas le voir mort ni le voir souffrir, pourvu que je ne le voie pas. Bien sûr, à aucun moment, Laeticia ne m'a formellement demandé d'être là, parmi eux. Mais quand je reçois un message, « *Viens, j'ai besoin de ta présence* », que puis-je faire ?

Derrière mon pilote, Franck, je baisse la tête comme pour bloquer les pensées qui m'assaillent, tasser les souvenirs qui remontent.

La mort, je l'ai touchée du doigt quand j'avais onze ans. Et je l'ai enfouie tout au fond de moi.

Un matin de juin 1987, ma mère m'a dit : « *Papa a eu un accident. Il est mort.* »

Mon père était pilote bombardier d'eau, Canadair, héros sur la terre et dans le ciel. Il s'est crashé en service commandé.

Je ne l'ai jamais revu. Je ne suis pas allée à la cérémonie d'hommage, je ne suis jamais retournée dans la maison d'Ajaccio, nous avons déménagé peu après à Metz, plus près de la famille de ma mère. J'ai depuis dans ma tête une ellipse temporelle : j'ai quitté la Corse en CM2, je suis rentrée au collège à Metz, mon seul souvenir de cette période-là est que je suis rentrée dans une nouvelle classe et que je n'ai plus jamais dit papa.

Insondable mystère de la mort, cette mort que de jour en jour je sens se rapprocher tandis qu'au loin, de l'autre côté des grilles du parc, un pays entier attend des nouvelles de l'agonie.

Les arbres défilent au ralenti sous ma visière, je vois arriver le portail noir, je pense à Jade et Joy avec une tristesse folle, je me remémore mes paroles à l'hypnothérapeute, l'autre jour : « *J'ai peur, je voudrais réussir à passer ce cap, cette dernière ligne droite sans m'effondrer.* » Je suis allée le consulter pour ça, précisément. Tout ce que j'entends, ce que je vois au jour le jour, propage en moi d'innombrables fissures qui menacent de tout faire exploser.

Le soir, quand je rentre, je m'en ouvre à Ikel, mon compagnon : « *Je voudrais avoir des œillères.* »

Octobre et l'automne arrivent, les arbres du parc commencent à perdre leurs feuilles, les journées se suivent et s'étirent à l'infini. Johnny regarde ses films dans le bureau ou le salon, allongé sur le canapé à côté de son coach sportif et ami, Daniel, qui est là tous les jours, lui aussi. Ils se connaissent depuis des années avec Dada, ils ont une relation très fraternelle, ils peuvent rester des heures assis là, sans rien se dire. Pendant ce temps, Laeticia, quand elle ne s'occupe pas de Johnny, cuisine un pot-au-feu ou scrute son téléphone, envoie d'innombrables messages. Instagram se fait de plus en plus rare. Quelques déjeuners avec ses copines ou moi mis à part, Laeticia cesse progressivement de sortir dans Paris, elle reste là, ne laisse plus Johnny. Nous déjeunons tous dans la cuisine, nous sommes toujours huit ou neuf à table avec Sébastien, Mamie Rock, les filles, la mère de Laeticia qui avec Syl, leur nounou, s'en occupe beaucoup, fait en sorte de les sortir dans Paris autant que possible, déjeuner chez Colette, après-midi ou week-end chez des copines, pour qu'elles ne soient pas là toute la journée…

Parfois, Johnny vient s'asseoir. Malgré moi, je divertis l'assemblée avec mes histoires de régime sans fin et mon acupuncteur, un ayatollah qui me convoque chaque jour cinq minutes pour me planter une aiguille dans le dos et me fixe pour but de perdre un kilo par jour, sans quoi c'est une pomme en guise de dîner. Ça fait rire Laeticia, qui l'appelle Dr Maboul et essaie de me motiver gentiment en me préparant du poisson à l'eau et des endives. À force de ne pas manger, je suis devenue littéralement obsédée par la cuisine alors je feuillette tous les livres de recettes de Laeticia, elle m'apprend à faire un bar en croûte de sel et je la regarde s'activer aux fourneaux au milieu de tous ses ustensiles en plaisantant.

En réalité, nous sommes tous entrés dans un couloir dont aucun de nous ne discerne la fin. Nous avançons à tâtons dans une pénombre parfois troublée par les bruits du monde qui nous parviennent de manière plus ou moins étouffée, telle une rumeur qui tambourine à la porte et attend son heure.

En septembre, une amie chère de Laeticia qui m'appelle très souvent au téléphone pour échanger des nouvelles, le soir, m'a rapporté un écho médical qui court les dîners parisiens : Johnny ne passera pas Noël. Est-ce vrai ? Comment le corps médical pourrait-il colporter des choses pareilles ? Laeticia n'en sait rien. J'en suis restée abasourdie.

À l'évidence, Laeticia lutte contre un incendie qui se propage et commence à décimer toutes les fondations, tous les remparts de volonté. La maladie gagne, mais elle continue d'espérer, de s'accrocher aux examens et aux multiples interventions qui se succèdent. Les yeux plantés dans les siens, elle conjure la peur de son homme, son sourire lui jure qu'il vivra. Pourtant, la panique la dévore en secret, elle aussi. Laeticia n'existe plus que par son « combat », elle ne veut pas qu'il s'arrête. Johnny, c'est ce qui la tient, c'est son projet depuis plus de vingt ans. Que deviendra-t-elle sans lui ? La mort signe-t-elle la fin définitive du rêve ?

Laura s'avance timidement dans le salon, avec son compagnon. Johnny est allongé dans un canapé, moi assise sur un autre. Aucun de nous ne sait quoi dire.

La visite de Laura était annoncée depuis ce matin. Laeticia est occupée dans la cuisine pendant que Laura, là, devant moi, essaie de sourire. Gênée, je lui laisse ma place sur le canapé et rejoins Laeticia pour laisser entre eux le père et la fille.

Quelques minutes se passent et Laura nous rejoint, l'air un peu perdu.

« *Il dort.* »

Johnny ne dormait pas quand j'ai quitté Laura. Même à Laeticia, il a déjà fait le coup, faire semblant de s'endormir. Le silence s'épaissit dans la cuisine. Laeticia, le nez dans ses casseroles, ne regarde pas Laura, je me sens de plus en plus mal à l'aise. Sébastien, qui est là lui aussi, essaie de casser le froid et d'amener la conversation sur un autre sujet, le cannabis en guise de médecine alternative.

« *Ils ont fait des tests, ça marche mieux que des antidouleurs...* »

Laura repartira comme elle est arrivée. Une fille qui part sans avoir parlé à son père. Je la regarderai s'éloigner le cœur éteint, comme une autre fois j'ai vu repartir David avec l'une de ses filles sans avoir pu parler à son père, qui dormait. Ils avaient attendu tout l'après-midi.

Mais sans déconner, qu'est-ce que je fais là ? Désagréable sensation d'être prise dans un étau qui ne dit pas son nom et se resserre. Est-ce la mort qui veille ? Est-ce autre chose ? Tout qui se mélange, leur histoire, la mienne ? Le soir quand je parle à Ikel, je suis de plus en plus confuse.

Quelques jours plus tard, il y a du monde autour de la table de la cuisine. Laeticia, David Khayat, Hélène Darroze, Caroline de Maigret, moi... C'est un déjeuner comme un autre, comme il y en a eu mille. La discussion, insensiblement, a roulé sur Laura et David. Elle a peut-être même pris naissance dans cette dernière visite de Laura. Je n'y ai pas prêté attention, je n'ai pas vu les lèvres de Laeticia se crisper un peu plus, elle qui est déjà à cran du matin au soir, et lâcher : « *Ils ont raison d'être inquiets, ils n'auront rien !* »

Cette phrase est arrivée comme ce coup de couteau dans ma viande, un coup bref, silencieux, qui n'avait pas d'autre vocation que de trancher. Une seconde, un silence stupéfait s'est creusé à la table et puis quelqu'un a enchaîné sur un autre sujet, pour évacuer la gêne.

Sur le moment, je n'ai pas vraiment compris ce que Laeticia voulait dire. Ils n'auront rien de quoi ? Ils n'auront rien de ma vie, ils n'auront rien de plus, ils n'auront pas d'échanges avec leur père, quelque chose comme ça. J'ai surtout réalisé qu'il y avait un gros problème, mais sans en cerner tous les contours. Un peu plus tard, je me rappelle avoir appelé Sébastien :

« *Je crois qu'on ne sait pas du tout ce qui va arriver.*

– Non, on ne sait pas. »

Ce dimanche 12 novembre, je ne suis pas à Marnes quand Johnny suffoque et entre en détresse respiratoire.

Le dimanche, Laeticia organise encore des brunchs ou des déjeuners avec des amis, pour que Johnny se sente vivant, envers et contre tout. Chez moi, j'essaie alors de profiter de mes petits d'un an, d'oublier. Leurs effusions me ramènent à la vie.

Ce soir-là, je suis allongée près d'eux quand Carl conduit à tombeau ouvert dans Paris, direction la clinique Bizet, dans le 16e arrondissement de Paris, où David Khayat a son service.

C'est là que les mots seront dits à Laeticia, les mots de la vie que personne ne peut entendre.

– 13 –

Huis clos à Marnes

« *Le combat est terminé. On ne peut plus rien faire.* »

En sweat et jeans, face aux médecins, Laeticia, plus fragile que jamais, est médusée sur sa chaise.

Je ne me rappelle pas avoir dit quoi que ce soit. Je ne parviens même pas à retrouver dans ma mémoire une quelconque pensée, à ce moment-là.

Tout ce qui va suivre, dans cette partie de la clinique Bizet interdite même au personnel de l'hôpital, va se dérouler dans ma tête comme un enchaînement de rushes sans aucun montage, d'images qui se superposent et s'entrechoquent comme il y en a dans toutes les familles, précipités de douleur, de non-dits, de tragédies silencieuses : Laura et David, prévenus par Laeticia, arrivent le lendemain, on entend des pleurs, Laura dit à Laeticia qu'elle sera là, qu'elle restera avec elle et les filles, elle a besoin de fumer sur la terrasse. David dit à Laeticia qu'il va prévenir sa mère et qu'elle va sans doute venir. Laeticia, qui m'a toujours parlé d'une grosse brouille survenue entre Sylvie Vartan et Johnny des années auparavant, reçoit la nouvelle adossée au mur, je la sens prête à s'effondrer. Je ne sais pas si je dois rentrer chez moi ou pas, l'infirmière arrive pour lui dire de prendre quelque chose pour dormir, je lui dis « *Prends-le, surtout* » et je pars dans la soirée, le cœur à l'envers, laissant Laeticia allongée sur le lit, dans la chambre à côté de celle de Johnny. Sébastien y passera une partie de la nuit.

Le jour d'après, peu avant 9 heures. Je suis de retour et n'ai pas fermé l'œil.

« *Viens dire bonjour à Johnny* », me dit Laeticia.

Johnny a le visage tourné vers la fenêtre, la masse de ses cheveux luisant dans un pâle soleil d'automne, les infirmières entrent, je m'éclipse. Nous sortons prendre un café dehors avec Sébastien. Quand nous remontons, David est là, Sylvie Vartan arrive. Sans un mot, elle passe droit devant nous, Sébastien, l'infirmière, la secrétaire de Khayat et moi, elle entre dans la chambre de Johnny. Et Nathalie Baye arrive peu après avec Laura. Je ne sais pas ce que les familles d'autrefois se sont dit, en présence de Laeticia assise dans un coin de la chambre. Durant un moment, la grande tribu des Hallyday s'est trouvée recomposée au chevet de la légende.

Après la visite, Johnny, bouleversé, a dit à Sébastien : « *J'ai cru que j'étais mort.* »

Jade et Joy sont venues, elles aussi, avec la mère de Laeticia et leur nounou, Syl, qui se cachait derrière pour pleurer. Le temps de leurs allées et venues, la chambre a repris vie. Pour Laeticia, il n'était pas question de leur dire ce qui allait se passer, pas plus qu'à Johnny qui, tous les matins, demandait : « *Quand est-ce qu'on rentre ?* »

Laeticia se nourrissant de moins en moins, je suis allée tous les jours lui apporter de quoi manger, du riz, du quinoa, je voulais la forcer à se remplir, peine perdue. Et tous les soirs, nous sommes restées avec Caroline de Maigret et Hélène Darroze, qui ramenait de bonnes choses de son restaurant. Nous mangions avec Johnny quand il le voulait, nous attendions que Laeticia s'endorme et nous partions doucement dans l'obscurité, en essayant d'échapper aux lumières des paparazzis braquées du matin au soir sur la clinique.

C'est là que j'ai commencé à sentir Laeticia perdre pied. Tout avait changé. Elle allait perdre son mari, son combat, mais elle ne savait pas quand. Contre l'avis de David, elle voulait simplement qu'il rentre à la maison, puisque c'était le vœu de Johnny et lui ne savait pas qu'il allait rentrer pour mourir.

Je n'avais jamais vécu pareils moments dans ma propre famille. Il a fallu que ce soit celle de Johnny Hallyday.

Le jour de la sortie est arrivé. Au fil de la semaine, l'étau de la presse n'a cessé de se resserrer sur nous, David Khayat est harcelé par les journalistes, Sébastien continue de donner l'ordre de se taire, rien ne doit filtrer. Devant la clinique, toujours ces maudits paparazzis, ils sont huit ou neuf. Des photographes de Mimi Marchand, très probablement. Mimi, avec laquelle Laeticia est fâchée depuis la parution en septembre dans *Paris Match* d'une lettre de soutien aux habitants de Saint-Martin, après l'ouragan. Une lettre dont Laeticia ne voulait pas, un micmac dont je n'ai jamais vraiment compris le fin mot, mais depuis, Mimi est en disgrâce. Par conséquent, Sébastien et moi l'appelons en secret, pour ne pas couper le lien, tenter de limiter les dégâts éventuels de la brouille et bénéficier d'informations utiles, en ces jours où nous nous sentons tous glisser vers l'inconnu.

Dans la semaine, nous avons déjà eu la bonne surprise d'apprendre tous les détails de l'hospitalisation de Johnny dans *Closer*, l'heure à laquelle il était parti de Marnes ce dimanche 12 novembre, qui était présent au déjeuner du midi… Sébastien et moi sommes partis en vrille à la lecture du magazine. Qui avait bien pu cafarder ?

Allô, Mimi ?

Mimi Marchand nous a dit que la taupe de *Closer* était une copine de Laeticia présente au fameux déjeuner, c'est elle qui aurait tout fait fuiter. Impossible à vérifier, mais cette fois, hors de question que la presse people s'empare de la sortie de la star sous un titre du genre « *Johnny rentre pour mourir* ». Nous convenons donc avec Mimi que le retour à la maison se fera en toute intimité. Et Mimi consent.

Le jour dit est un jour froid, gris. Il est encore tôt quand je monte dans la Mercedes de Johnny. Carl est au volant. Dans notre sillage, une moto taxi décolle – Sébastien, qui se fait passer pour un paparazzi ! Un leurre pour faire croire que le rocker est là… Loin derrière nous, trois ambulances sortiront en décalé de la clinique Bizet et regagneront Marnes non par le portail principal du parc privé en bas, mais par celui du haut, exceptionnellement ouvert. Mimi tiendra parole, mais nous serons balancés par d'autres. Les images de la vidéosurveillance du parking de l'hôpital dans lesquelles on verra Laeticia monter dans l'ambulance se retrouveront dans *Closer,* encore.

À la descente de l'ambulance, Johnny chante. Il est beau, en blouson de cuir et Stetson sur la tête. Il est heureux de rentrer chez lui. Sa voix résonne dans le grand vestibule d'entrée qui dessert les pièces du rez-de-chaussée, il effleure du regard l'immense table-musée recouverte d'orchidées, d'objets de designers, de disques d'or, de covers d'albums, il retrouve son bureau, son antre, son capharnaüm peuplé de tous ses objets fétiches, des photos, des livres de collection, des vieilles guitares. Tout a été aménagé pour lui éviter de monter l'escalier, dorénavant. Un lit médicalisé a été installé à côté des canapés, la télé a été placée en face. Tout contre, un autre grand lit a été posé. Laeticia et les filles dormiront là, elles aussi.

Johnny semble soulagé. Il semble même aller mieux, enfin c'est ce que je retiens de ces premiers moments à la maison.

Le cancer, pourtant, s'est mué en engrenage infernal et le corps refuse désormais de se lever, mais ça, je ne le vois pas.

Quand, le lendemain, je reviens à Marnes, je le retrouve comme je l'ai laissé avant l'hospitalisation, dans le salon, devant un film. La pudeur de Johnny fait que je ne le verrai jamais dans une position plus malaisée. À chaque fois que j'arrive, il est déjà dans le canapé, je me baisse pour lui dire bonjour, imperceptiblement, je reste en suspens, je voudrais le prendre dans mes bras. Mais c'est Johnny Hallyday.

Un matin, j'entre, il est assis à côté de Yarol Poupaud qui regarde un film avec lui. Je m'assois sur le canapé en face, le son est très fort, le film est violent, je ne sais trop que faire, alors je sors de mon sac une pomme et la mange sans me rendre compte du bruit que je fais.

Quelques minutes à peine et Johnny se retourne vers moi. Il me cisaille d'un regard qui me demande si je vais lui casser les couilles longtemps avec ma pomme.

Je m'arrête de mastiquer et je suis ravie, amusée de le sentir là, inchangé, vivant.

Mais la presse et le pays ont faim. Ils sont inquiets. Le pouls du pays bat au rythme de celui de la star, l'idole ne peut pas quitter son public en secret. Jusqu'au bout, elle lui appartient, elle doit mourir en pleine lumière.

Gala, ces jours-là, titre « *La maison de Johnny Hallyday transformée en mini-hôpital* ».

Sidérée, j'appelle Sébastien :

« *C'est pas possible ! Ça va trop loin ! Comment peut-on faire taire ceux qui parlent ?*

– Tu parles de qui ? Des journalistes ou des amis ? »

Laeticia, elle, est comme quelqu'un qui glisse, comme je ne l'ai encore jamais vue, dans le même sweat d'un jour à l'autre, sans talons, non maquillée, les cheveux toujours attachés. Pour la première fois de sa vie, elle se laisse aller. Elle est en transition. Le regard de son héros sur Terre s'éloigne et la peur l'étreint, une irrépressible peur qu'elle cache devant Johnny, mais qui ne semble plus connaître de répit. Parfois, son visage de poupée me regarde, effrayé, je crois y lire la panique de ma petite fille devant un obstacle à franchir, une panique primaire et narcissique qui fait que votre monde doit s'arrêter de tourner en même temps que le sien, et j'ai envie de la serrer dans mes bras. Chaque jour, elle mange encore moins, picore pour tenir debout, mais elle continue de cuisiner pour quinze, pour les filles, les copines des filles, pour les dîners du soir auxquels elle convie des amis. Avec Johnny, la petite fille se fait mère, redouble d'attention, l'infantilise, ça le rend fou. Elle fait tout ce qu'elle peut et elle fait même le garde-chiourme.

Johnny n'a pas envie de voir du monde, il n'a pas envie de voir des gens qu'il n'a pas l'habitude de voir et s'il a encore du temps devant lui, après tout, pourquoi ne pas repousser un peu les visites ? Il n'y a que Sébastien pour pouvoir passer des moments avec lui dans le bureau. Parmi ceux qui parviennent à lui rendre visite, même brièvement, il y a notamment Eddy Mitchell, Jean Reno, Jean-Claude Camus, Maxim Nucci, Anne Marcassus… Les copains motards – Pierre Billon, Philippe Fatien, Claude Bouillon – arrivent même avec du saucisson, un après-midi. Ils emmènent Johnny dans le salon, on les entend se marrer comme s'ils avaient vingt ans. Et je les vois sécher des larmes sur le perron.

Ils reviendront bientôt, pour le fameux dîner du jeudi soir organisé autour de la projection du film sur le road trip qu'ils ont fait en septembre 2016 – *Match* bâtira toute une histoire autour de ces « dîners du jeudi » alors qu'il y a désormais des dîners tous les soirs, à Marnes. À celui-ci, ce dernier jeudi, je n'y suis pas, c'est avant tout une réunion d'hommes, de potes. Le film dure cinquante-cinq minutes, en noir et blanc, il est magnifique. Souvenirs de Harley, de canyons, de déserts ocre filant sous le soleil. Dans la salle de cinéma, Johnny, fou de bonheur, a bu ses derniers moments de liberté, d'Amérique. Et à la fin, il a grommelé à Sébastien :

« *Mais pourquoi il n'y a pas de couleur ? Il n'y a pas assez de fric à la maison de disques ?* »

Ce même jour, ce jeudi 30 novembre, Johnny était censé être mort, pourtant.

Le matin, la neige avait commencé à tomber sur Marnes et Jean-Claude Darmon avait déboulé, très inquiet. Il sortait d'un déjeuner avec Michel Drucker et comme quelques-uns d'entre nous, il venait d'entendre la rumeur qui courait les rédactions parisiennes depuis une heure : Johnny venait de s'éteindre. J'étais seule à Marnes avec Laeticia, qui n'était pas au courant et j'essayais, en cachette, pour ne pas l'affoler, de prendre des renseignements (« *Allô Mimi ? D'où ça sort cette histoire ? – Je ne sais pas !* »), quand Carl, précédant Jean-Claude, est entré dans le salon, affolé : « *Vous avez vu, Madame ? Il y a une rumeur qui dit que Monsieur serait décédé !* »

Laeticia, K.-O., a réagi mollement. À sa place, j'aurais hurlé. Mais je ne suis pas Laeticia Hallyday. Depuis plus de vingt ans, elle connaît par cœur le jeu médiatique, ses fortunes, ses coups bas, elle en joue, s'en affecte, s'en éloigne, y revient. Nous faisons tous partie d'une immense machine à vendre du papier glacé, du rêve, des larmes, nous sommes à la fois les acteurs et les pions d'un immense écran de téléréalité où le réel le dispute à l'affliction et elle le sait mieux que quiconque.

En attendant, le feu de la rumeur brûlait et il fallait absolument l'éteindre. Sous un coussin du canapé, j'ai bombardé Sébastien de SMS :

« *Tu t'en sors ?*

– Je suis en train de débrancher ! »

Traduction : il venait d'envoyer un communiqué à l'AFP pour démentir et expliquer que Johnny se reposait tranquillement chez lui. Mais que se passerait-il, le soir, quand tous les copains du road trip viendraient sonner au portail pour le dîner ? Avec Vincent Lindon, en plus, qui était tout sauf un habitué ? Tout le monde allait encore croire que Johnny était mort !

Ne t'en fais pas, Laeticia, c'est réglé, tout va bien…

Mais pourquoi n'avait-on jamais un peu de paix ? Pourquoi, comme la vie, la mort devait-elle s'écrire dans les journaux ? Parce qu'il en était ainsi, depuis le début. Parce que tout, dans cette histoire, dans la façon dont elle se narrait, dont elle se vivait, ne pouvait être que public. Je ne l'admettrai que bien plus tard.

La rumeur n'est pas repartie, ce soir-là.

Et ce soir-là, chez moi, j'ai dit à Ikel que j'avais envie de quitter cette maison. J'aurais voulu partir en Corse et sentir la chaleur sèche du soleil se poser sur mon bras, sentir qu'il faisait beau et que tout allait bien.

Mais décembre est arrivé et avec Sébastien, Hélène Darroze et Caroline de Maigret, nous sommes les derniers à venir à Marnes. Dans la cuisine, j'ai l'impression que les arbres autour ne laissent plus passer la lumière. Même la télévision ne parle plus si fort. Elle n'est plus branchée sur BFM comme d'habitude, car il faut préserver les filles, qui sont là. Ce soir, il y aura des langoustes à manger. Et je n'ai pas envie de langouste.

Depuis que Johnny est sorti de la clinique, tous les soirs, Laeticia organise des tablées parce qu'elle ne veut plus être seule, parce qu'« *il faut faire des dîners, parce que Johnny va se lever, il va venir* ». À table, il y a souvent une dizaine de personnes, David Khayat, Jean-François Piège et sa femme Élodie, Jean Reno et sa femme Zofia, Hélène et ses filles, Marie Poniatowski… Jean-François Piège ou Hélène Darroze ramènent des pibales, du caviar, des langoustes. Pendant que nous mangeons, nous parlons de tout, de rien, Johnny est dans le bureau, porte souvent fermée, il regarde un film avec Dada, Dada vient dans la cuisine, on leur fait de jolies assiettes, Dada les emmène et Laeticia fait des allers-retours dans le bureau.

L'amour circule, Johnny ne se lèvera jamais pour venir à table et je ne supporte plus ces dîners du soir.

Durant la journée, Hélène, Caroline et moi nous nous relayons pour ne pas laisser Laeticia seule. Elle ne sort plus, même dans le jardin, elle ne veut plus prendre le risque de s'éloigner. J'arrive tous les jours vers 13 heures. Si Hélène ou Caroline viennent déjeuner, je viens plus tard, je repars dans la nuit. Et le matin, les SMS avec elles et Laeticia s'échangent : « *Comment s'est passée la nuit ?* » Et à chaque départ, la boule dans mon ventre grossit.

Samedi 2 décembre, message d'Hélène :

« *Tu en es où ? Tu vas partir ?*

– *Oui, je ne vais pas tarder.*

– *Laura et Nathalie sont avec Johnny, ambiance morose.* »

Dimanche 3 décembre, je suis sur le chemin quand Hélène m'avertit :

« *Il n'a pas voulu voir Nathalie et Laura.* »

Dans l'allée, en montant, je croise un ballet de voitures qui descendent. En sautant de la moto taxi, je fais un signe de la tête à Franck sous mon casque pour lui signifier que je lui enverrai un SMS dans quelques heures, comme d'habitude. Il est formidable, Franck ; forcément, nous avons fini par le mettre dans la confidence, lui aussi, il peut venir me chercher à 1 heure du matin, il connaît la maison, Laeticia, Carl, il a le droit de rentrer dans la cour, c'est là qu'il m'équipe avec la couverture chauffante.

Je l'enlève, le froid me transperce, je sonne. Sitôt la porte passée, j'ai la sensation d'être entrée dans un champ de mines.

On me raconte, Laura et Nathalie sont arrivées, David en suivant, Laeticia ne les a pas laissés entrer, elle s'est mise devant la porte, Laura et David, ne pouvant voir leur père, se sont repliés à l'extérieur, devant la maison, et voyant qu'un dîner se préparait parce que Laeticia était aux fourneaux, ils s'en seraient moqués en disant : « *Bientôt, ici, on va manger des pop-corn à la truffe !* »

Je ne bouge plus, j'écoute sans écouter, je ne cherche même pas à démêler ce qui s'est réellement passé de ce que l'on me dit. L'air est si électrique que le moindre mot peut mettre le feu aux poudres.

David, Laura et Nathalie sont repartis. C'est probablement eux que j'ai croisés en montant l'allée. La dernière fois que je les ai vus ensemble ici, ils étaient dans le bureau avec leur père, Laeticia ne cessait d'entrer et sortir au prétexte de donner à Johnny un mouchoir ou des gâteaux. Johnny ne disait rien, jusqu'à ce que tout à coup, il explose. Trop de monde, trop d'allers-retours. J'ai vu Laeticia sortir du salon la mine piteuse et la pensée m'a traversée qu'ils pourraient ne plus jamais revoir leur père.

Ce soir du dimanche 3 décembre, un dîner est encore prévu. Je l'esquive, pour une fois. Je n'en peux plus de rentrer chez moi dans cette nuit qui m'avale.

– 14 –

« Tu as dit bonsoir à Johnny ? »

Ce mardi 5 décembre, je me réveille fatiguée. Le dîner de la veille à Marnes m'a épuisée. La voix râpeuse, j'appelle Sébastien :

« *J'aimerais ne pas venir, aujourd'hui.* »

Au bout du fil, une hésitation. Sébastien doit aller voir un match de son fils. Lui aussi, sa vie de famille passe après, ces derniers temps… Nous nous mettons d'accord : j'irai à Marnes au déjeuner et nous nous rappellerons en fin de journée.

En réalité, je ne supporte plus d'attendre la mort de Johnny. Depuis quelques jours, déjà, je ne vais plus le voir. Le soir, quand je pars après le dîner, je contourne le bureau par la salle à manger et me faufile dans la pénombre.

« *Tu as dit bonsoir à Johnny ?*

– Oui oui. »

Et je saute sur la moto taxi.

Ce jour-là, donc, j'arrive vers 13 heures. Cette fois, je suis venue avec ma voiture, je souffre trop du froid sur la moto. Il bruine. Le ciel semble disséminer une poussière grise sur la maison.

À l'intérieur, j'entends parler du dîner du soir. Jean-François Piège doit faire à manger, je pense que je vais devoir rester un peu alors que mon fils a pleuré plus que d'habitude, ce matin, quand je suis partie. Je ne sais pas comment lui expliquer mon travail…

Quelques heures se passent et dans l'après-midi, l'Interphone retentit. C'est David.

Aussitôt, Laeticia change de mine et disparaît dans le bureau, avec Johnny. Le message est clair, elle ne veut pas le voir et il ne verra pas son père. Dans le salon, avec moi, restent Dada et Carl. David entre, Carl lui dit que Laeticia se repose à l'étage, qu'elle est fatiguée et que Johnny ne veut voir personne. David, je ne le connais pas bien, je le croise toujours dans des circonstances difficiles. Mon malaise grandit. Je voudrais partir, mais impossible sans en avertir Laeticia au préalable.

Comble de malchance, ma nounou est absente, cette semaine-là. J'envoie un SMS à Laeticia pour lui dire que je dois rentrer. Je reviens dans le salon pour dire au revoir et là, sur la table, je vois un téléphone qui vibre avec mon nom qui s'affiche : Laeticia est partie tellement vite qu'elle l'a oublié… Comme tout le monde, David sait qu'elle ne le quitte jamais et se demande probablement ce qui se passe. Je romps maladroitement le silence. J'explique que je pars et je fonce dans ma voiture, garée dans la cour.

18 heures, pourvu qu'il n'y ait pas d'embouteillages. Je suis polarisée sur moi, ma conduite, ma façon à moi de contenir mon angoisse. Pour une fois, j'ai bien écouté ce que m'a dit Ikel, je n'ai pas pris l'autoroute, je suis passée par Saint-Cloud, ça devrait aller, je le lui dis au téléphone, je serai là pour dîner, avec lui et les enfants.

À table, je n'ai jamais autant aimé les visages de mes petits barbouillés de crème au chocolat, je me prends un shoot d'eux, je demande la même crème à Ikel qui me rappelle que je suis au régime. Pour une fois que je suis là, Ikel ! Je mentirai au Dr Maboul, ça ne sera pas la première fois !

Les enfants couchés, je m'affale sur le canapé, je branche la télé sur un film en pensant à la nuit qui s'annonce, ma première vraie nuit depuis si longtemps. Que fait Laeticia, là-bas, à Marnes ? S'apprête-t-elle à se coucher, elle aussi ? Et Johnny ? Quand je suis partie, la maison respirait calmement, mais je me sens mal, presque coupable.

Quand même, Hélène Darroze n'a pas répondu à mon dernier message, envoyé à 21 h 50 : « *Tout va bien ?* »

Dix minutes plus tard, le téléphone sonne. C'est elle.

« *C'est fini.* »

L'an dernier, un an après la mort de Johnny, j'ai regardé David dans l'émission *Sept à huit*. Face à la caméra, très ému, il parlait pour la première fois de cet après-midi du 5 décembre 2017. Il disait qu'il avait remis à l'infirmière une lettre pour son père. Une lettre qui ne lui aurait jamais été remise. Devant ma télévision, j'ai cru chavirer.

Depuis cette nuit-là, très souvent, j'ai repensé à David. C'est la première fois que je m'en suis vraiment voulu. Je crois simplement que je n'aurais jamais voulu être là.

– 15 –

Jackie Kennedy

Il est 5 heures du matin et les alertes ne cessent de pleuvoir sur mon téléphone : « *Johnny Hallyday est mort.* »

Sentiment étrange d'en savoir plus que l'AFP. Je vis un décès en direct et il se trouve que ce décès est celui de Johnny Hallyday. Je ne m'y fais pas, je me le répète, ça finira peut-être par entrer dans ma tête.

Dans deux heures, la France entière va se réveiller sous les gros titres et pendant ce temps, la maison continue de se remplir, des ombres glissent entre les pièces, des mains se tendent, les proches arrivent les uns après les autres, Anne Marcassus, Jean-Claude Darmon, Marie Poniatowski et son mari, Ségolène Dugué… Les téléphones vibrent, les SMS s'échangent. Nous sommes une quinzaine et j'ai l'impression qu'une foule énorme, une foule invisible, se presse dans la maison de Johnny Hallyday.

Et les filles qui dorment encore. Je ne cesse de penser à elles, à ces petites, à leur innocence qui sommeille, en haut, tandis qu'en bas, le bruit du monde fait rage. Et s'il les réveillait ? Et si elles apprenaient la nouvelle en allumant leur télévision ? Je sais que Laeticia retient les mots, car il y a des mots qui emportent l'enfance. « C'est fini. » Quel enfant peut bien l'entendre, à propos de son père ou de sa mère ? Non, papa montera vers les étoiles, il te parlera à travers les nuages, comme le roi Lion, il reviendra te voir.

Mais déjà, les hommes en noir sortent du bureau où repose Johnny et la main de Laeticia se resserre très fort sur la mienne. Elle n'a pas encore revu son mari.

Des minutes qui suivent, je ne retiens que son cri.

Dehors, en bas, la folie médiatique ne se retient plus, elle cogne au portail où se pressent les journalistes et les fans, la police est arrivée pour hisser des barrières. Arrivent Claude Lelouch, Muriel Robin, Jean-Claude Camus, Line Renaud… Il est bientôt 8 heures et les filles se réveillent.

Je partirai dans l'après-midi, au moment où arriveront David et Laura, je rentrerai chez moi me doucher et reviendrai le soir dans la maison allumée de centaines de bougies, avec tout le monde dans le salon, je regarderai un morceau du documentaire sur Johnny diffusé ce soir-là, sentiments mitigés, pleurs étouffés. Le lendemain, en arrivant, je fendrai encore la foule compacte des paparazzis et des cameramen. Sur le plateau de BFM se succéderont les invités dont David Khayat, qui dira que huit jours auparavant, sur son lit, Johnny lui avait chanté *O sole mio* pour lui faire plaisir, que jusqu'à la dernière minute il était resté vigilant, plein d'humour et surtout plein d'amour. Et puis viendra le moment de parler des obsèques, à organiser.

Je suis dans le vestibule d'entrée avec Sébastien quand Brigitte Macron arrive, escortée de ses gardes du corps et de Rodrigue Furcy, le chef de cabinet adjoint du président de la République. Laeticia et elle ne sont pas amies à proprement parler, mais les Macron et les Hallyday se sont croisés pour la première fois dans la loge de la star en 2016 après un concert à Bercy. Quelque temps plus tard, Laeticia a invité le couple présidentiel à l'anniversaire de Line Renaud et depuis l'annonce de la maladie de Johnny, la Première dame a toujours pris soin de prendre des nouvelles. Avec Sébastien, nous l'emmenons auprès de Laeticia qui est dans sa chambre, à l'étage. Brigitte Macron vient s'asseoir à côté d'elle. Je m'éclipse.

L'échange fini, Brigitte Macron souhaite se recueillir devant Johnny. Hélène l'accompagne pendant que, dans le salon, s'engage la conversation entre Sébastien, Ségolène Dugué, moi et les hommes du cabinet. Ils nous demandent ce que l'on a imaginé pour les obsèques. « *Les Champs-Élysées* », répond Sébastien. J'en avais déjà entendu parler quand Johnny avait failli mourir en 2009, l'État pensait à des obsèques nationales. Rendez-vous est donc pris pour une réunion au sommet le lendemain à 11 heures à l'Élysée.

Le soir même, à 22 h 23, sur mon téléphone, un article du *Parisien* relate l'entrevue avec Brigitte Macron qui s'est achevée il y a quelques heures. Je l'envoie à Sébastien : « *Vive la République.* »

Le lendemain, il est encore 5 heures du matin quand je suis de retour sur le gravier de La Savannah. Est-ce ma nuit sans sommeil qui me fait tout voir en double ? Derrière ma visière, dans la brume de ce matin d'hiver, je ne vois que du bleu, une haie de bleu. La moto de Franck se faufile entre les voitures. Des policiers partout. Sur le perron, ils semblent être au garde-à-vous. Le corbillard est stationné devant, le portail, grand ouvert. C'est l'heure. Johnny va définitivement quitter sa maison pour le funérarium du mont Valérien.

Franck me retire la couverture chauffante. Un fluide glacial me parcourt l'échine. Je n'en peux plus de ce froid qui me mord le ventre chaque jour, de cette sensation de froid qui ne me quitte plus, du lever jusqu'au coucher, en ces jours de décembre.

J'entre, du monde dans la cuisine, les mêmes visages en cercle des amis proches, dont Maxim Nucci qui erre, l'air complètement perdu, lui qui a désormais la tâche immense de livrer le dernier album du rocker. Et au bout d'un moment, Carl qui vient nous voir et nous dit, dans un raclement de gorge : « *Madame demande tout le monde dans le bureau.* » Dans le bureau ?

Le jour se lève doucement. La pièce baigne dans un clair-obscur irréel. Nous sommes une vingtaine autour de Johnny. Et Laeticia, en jeans et en gros pull, se lance, sur le ton du murmure : « *Je voudrais que chacun dise quelque chose à Johnny, mon amour.* » Pour le remercier, pour lui dire ce qu'il a fait de bien à chacun dans sa vie.

À tour de rôle, chacun prend la parole en s'adressant à Johnny. Jean-Claude Darmon, Maxim Nucci, Hélène Darroze, Jean-François et Élodie Piège, Marie Poniatowski et son mari, Anne Marcassus et son mari, Caroline de Maigret, Mamie Rock… J'entends vaguement ce qui se dit, je murmure quelque chose en moi-même, je n'ai rien à dire de public à Johnny. Et je fuis ce bureau avec l'envie qu'il se referme à jamais sur ses souvenirs.

Le convoi s'ébranle sans Laeticia, qui n'a pas voulu venir. Peut-être parce que le funérarium sera ouvert à tous et Johnny y sera rendu à son public, en quelque sorte. Les voitures s'enfoncent dans l'ombre de l'allée, les arbres mettent nos larmes à couvert pour quelques instants encore, pour la dernière fois. Sitôt le portail franchi, la bouche des paparazzis se referme sur nous. Je ne les compte même plus dans notre sillage.

Au funérarium du mont Valérien, je suis émue de revoir notamment Jimmy, Alizé, les gardes du corps qui depuis des années géraient la sécurité des concerts, des tournées, de la promo, j'ai passé tellement de temps avec eux. Eux aussi semblent au bord des larmes, j'aimerais les réconforter, mais ne trouve pas les mots. Je n'entre pas. J'attends dehors. Nous allons partir pour l'Élysée avec Ségolène Dugué, rappelées à l'ordre par Sébastien : « *Ayez vos pièces d'identité.* »

Nous voici donc, Ségolène et moi, au guichet à l'entrée du 55, rue du Faubourg-Saint-Honoré. L'homme qui nous demande notre carte d'identité a l'air d'avoir été prévenu. Nous longeons la cour que l'on voit à la télévision, un long couloir, des plafonds dorés, des tapis rouges, des marches, un autre couloir… Et nous débouchons dans un bureau immense avec une table ovale et trente personnes assises autour, trente paires d'yeux qui se braquent sur nous. Je me cache derrière Pierre-Alexandre Vertadier, le patron de Décibels, le producteur de la dernière tournée de Johnny. Il y a là le chef de la police, le préfet de police, Sibeth Ndiaye, la conseillère presse d'Emmanuel Macron, d'autres figures qui ont accompagné l'élection du nouveau président de la République. Et Mimi Marchand.

Sébastien leur expose sa vision, je réalise qu'il a construit toute l'organisation dans sa tête : la descente des Champs-Élysées avec les bikers derrière, les écrans géants tout au long du parcours, la scène au pied de la Madeleine avec les musiciens de Johnny, le micro sans Johnny, sa Harley devant… Ils seront tous là, ses guitaristes, ses choristes, Yarol Poupaud qui accompagnait Johnny sur toutes ses tournées depuis 2012, Maxim Nucci, Matthieu Chedid, Robin Le Mesurier, le guitariste de Rod Stewart dans les années 1980 et l'un des plus vieux copains de Johnny. Autour de la table, je vois les sourcils se lever. Des obsèques pensées comme un concert ? Je sens que tout ne passera pas au niveau de la sécurité, l'Élysée ne semble pas habitué à un barnum de ce genre…

« *OK, mais combien de motards ?* »

Impossible à dire !

« *Nous avons besoin d'une liste, pour la sécurité. De surcroît, il nous faut à chaque fois la moto affiliée au permis de conduire et au chauffeur.*

– Ah mais on n'aura jamais de liste ! »

Au moins, l'itinéraire est clairement fixé : le convoi rejoindra les bikers qui attendront au bas de l'avenue de la Grande-Armée puis il la remontera, descendra les Champs-Élysées, tournera à la Concorde et remontera jusqu'à la Madeleine. Au rond-point de l'Étoile, Sébastien déclenchera par téléphone les musiciens qui démarreront à la Madeleine pendant que des écrans géants diffuseront des extraits du road trip américain. Johnny sera ainsi accompagné par sa musique de l'Arc de triomphe jusqu'à son entrée dans l'église. Et la cérémonie commencera à 13 heures, diffusée en direct à la télévision. Quid de la vente des droits aux chaînes télé ? Elle se fera selon un partage équitable, le cortège sur France 2, l'intérieur de la Madeleine sur TF1.

Mais la politique nationale s'arrête au seuil de l'église et l'Élysée nous fait comprendre que ce qui s'y passera ensuite n'est pas de son ressort, il est entendu qu'Emmanuel Macron fera son discours sur le parvis et non sous la nef, impensable. Nicolas Sarkozy aurait bien voulu en faire un, discours, dans l'église, il l'a formulé auprès de Laeticia, mais le cabinet d'Emmanuel Macron nous a fait comprendre que ce ne serait pas très opportun. Mes pensées vont et viennent, je ne cesse de songer à l'église, justement, je me demande bien comment nous gérerons le placement, qui pourrait bien refaire naître le casse-tête des places de concert. Je ne veux pas l'imaginer, vu les circonstances. Mais comme au temps des tournées, j'ai demandé à Anne-Sophie Aparis de m'aider.

Au bout du compte, tout ce qu'a demandé Sébastien à l'Élysée est passé comme une lettre à la poste. Jacques Chirac avait eu la liesse de la Coupe du monde. Emmanuel Macron aura la tristesse de l'enterrement de Johnny Hallyday. Deux unions sacrées, deux moments de déification populaires avec lesquels la politique entre en résonance.

Et la politique, ce jour-là, s'accommode du nombre inconnu de bikers. Seb, quoi… Je suis fière d'être à ses côtés pour ce dernier grand show.

Dans le bureau parisien d'Anne-So, je commence à me sentir furieusement dépassée. Vingt-quatre heures pour préparer le cortège et les « invitations » à l'église, c'est trop court, bien trop court. Il faut faire le tri, tout le monde ne pourra pas tenir dans les onze voitures du cortège ni sur les bancs réservés de l'église qui sera aussi ouverte au public ! Qui convier et surtout, qui ne pas convier ? De toutes parts, les téléphones sonnent, les gens appellent pour dire qu'ils ont croisé Johnny en 1982. Pour nous aider, Anne Marcassus nous a envoyé la photo d'une feuille A4 noircie des noms et des numéros de téléphone de son réseau. Mais il y a encore d'autres noms à ne pas oublier, des personnes qui n'oseront rien demander, par exemple Bernard Murat, Robert Hossein, Gérard Depardieu, Laurent Gerra, Patrice Leconte, l'agent des stars Laurent Grégoire… Ou bien encore Catherine Deneuve. Pour elle dont j'ai toujours pensé, à l'instar de quelques échos dans la presse ou les livres, qu'elle est la fameuse Lady Lucille, la femme mystérieuse dont Johnny lui-même disait qu'elle était l'amour d'une vie, la question se pose, bien évidemment. Nous voulons l'inviter à venir à la Madeleine. Inutile. Elle est trop peinée, nous fait savoir l'un de ses proches.

Mais c'est le cortège qui s'annonce encore le pire.

« *Je mets qui dans la voiture 3 ?* »

Impossible à savoir. Entre le bureau d'Anne-So, dans le 9e arrondissement, et Marnes-la-Coquette où est restée Laeticia, entourée de ses amies, le téléphone n'arrête pas de sonner. Laeticia ne répond pas, ses copines se font son porte-parole et je m'y perds. Si, depuis le temps, j'ai appris à connaître le grade des amitiés et des entourages, donc des placements, j'ai des interrogations sur certaines personnes. Je ne pense même plus à David et Laura qui, je l'ai appris, ne souhaitent pas prendre part au cortège – à ce moment-là, je n'en tire d'ailleurs aucune conclusion. Je suis juste obnubilée par cette liste qui a le don de me décrocher les nerfs.

« *Allô, Lolotte, dans les voitures, tu as bien compté nos enfants ?*

– *Non, pourquoi ?* »

Dix-huit heures, ce soir du 8 décembre. Je n'ai toujours pas mon cortège, d'autant qu'en parallèle, je gère un autre placement : celui de l'avion qui doit partir le matin du 10 décembre pour Saint-Barth, où Johnny sera inhumé. Une trentaine de personnes sont prévues. Et là aussi, rien n'est simple. Alors pas d'autre choix que d'aller chercher l'information à Marnes auprès de Laeticia dans un bref aller-retour. J'appelle Franck et j'enfourche la moto taxi, direction La Savannah.

Laeticia a apporté les réponses à mes questions.

Oui à untel dans le cortège, non à la femme de tel autre dans l'avion. Quand je repars de Marnes pour retourner à la Madeleine, il fait nuit, les équipes de l'Élysée et les policiers sont en train de clôturer les abords de l'église pour la triste journée de demain. C'est à ce moment-là qu'est dévoilée l'immense photo de Johnny qui sera apposée sur les colonnades, par-dessus la publicité Calvin Klein. Johnny pris dans les deux ou trois années précédentes. Johnny souriant, apaisé, Johnny notre père qui est parti au ciel et s'en est allé parler au diable. Je le regarde à la fois si loin et si proche. Tout, dans ces instants à organiser son adieu, ou plutôt la vie sur Terre avant l'adieu, me semble à la fois cruellement concret et totalement abstrait. Que penserais-tu, Johnny, en ce moment, de tout ça ?

Dans la Madeleine, les hommes de l'Élysée refont un dernier point avec la sécurité sur les rangées réservées : il y en a peut-être une vingtaine pour Laeticia, quatre pour l'autre famille. Je ne pose aucune question, bien incapable de penser. En sortant, j'appelle Anne-So pour la répartition des tâches de demain : j'irai à Marnes à 9 heures quand tout le monde arrivera pour placer les invités dans les voitures, elle ira à la Madeleine, nous échangerons pendant le cortège. Mais il est déjà 22 heures et rien n'est finalisé. Alors, une dernière fois, je retourne encore à Marnes où s'écrivent les discours qui seront lus demain à l'église par Jean Reno, Patrick Bruel, Line Renaud, Marion Cotillard ou Carole Bouquet.

Car un problème majeur est survenu : le cortège est revenu sur le tapis. J'ai appris que certaines des amies de Laeticia se verraient bien dans sa voiture, juste derrière celle de Johnny. Impossible, selon moi ! Le moment est trop solennel et doit le rester. Comment penser mettre ses copines dans sa voiture pareil jour ? Je monte donc voir Laeticia dans sa chambre, elle est avec quelques-unes de ses amies. Et je la prends à partie.

« *Laeticia, il faut parler de ta voiture, qui suivra celle de Johnny.* »

Laeticia hoche doucement la tête.

« *Donc on met qui dedans ?*

– Mes filles, ma grand-mère et… »

Laeticia pointe du doigt deux de ses amies présentes. Je tique.

C'est là que l'idée me traverse l'esprit.

« *Laeticia, est-ce que je peux te parler seule ?* » Nous nous retrouvons dans la salle de bains et là, un torrent de mots, des mots aussi instinctifs que saugrenus quand j'y repense, vient inonder son silence.

« *En fait, il faut que tu sois seule avec tes filles dans la voiture. Au-delà de toute la souffrance qui est la tienne, il s'agit de toi, il ne s'agit plus que de toi, c'est ce qui va rester dans l'esprit des gens et c'est aussi ce qui va rester pour Jade et Joy. C'est comme Jackie Kennedy avec ses enfants aux obsèques de son mari. Évidemment, elle a orchestré un peu la scène, John-John qui fait le salut à son père, mais c'est aussi ça, ces moments-là, qui ont fait Jackie Kennedy.* »

Laeticia ne dit rien, mais sa prunelle s'embue. Je viens de faire vibrer quelque chose en elle.

Voiture 1, il y aura donc Laeticia et ses filles ; voiture 2, sa mère, Mamie Rock et son père ; voiture 3, les copains, Jean-Claude Darmon et ainsi de suite.

Je pilonne une dernière fois la pauvre Laeticia.

« *Tu es bien consciente qu'unetelle et unetelle sont voiture 7 et non 2 ?* »

Je sais trop combien, en matière diplomatique, le moindre défaut de placement peut tout faire chavirer.

Nous refaisons vingt fois la liste jusqu'à 2 heures du matin. Laeticia semble de plus en plus flottante dans son pull, elle pourrait s'évanouir de fatigue, moi aussi.

J'appelle Franck, je ne pense plus qu'à rentrer chez moi. Il ne répond pas. Deux mois que nous nous voyons tous les jours, jour et nuit, et il ne répond pas, à la veille des obsèques. Je descends, je tombe sur le photographe Dimitri Coste qui est là pour aider Nadège à la création des livrets distribués à la messe et qui m'annonce qu'un motard vient de se planter dans la descente.

« *Qui ça ?*

– *Une grosse moto, je ne sais pas qui c'est.* »

Franck. La route était tellement verglacée qu'il a glissé. Il s'est relevé, la moto est cassée. Ce soir-là, il est revenu me chercher en voiture et je me suis glissée dans mon lit en pensant à Jackie Kennedy.

– 16 –

Dernier convoi

Franck a ralenti de lui-même, comme si la mort, subitement, s'avançait vers nous. Les onze voitures du cortège sont toutes là, garées en file indienne, le long de l'allée qui mène à La Savannah. Des berlines et des Viano massifs qui s'étirent sous les arbres telle une longue chenille noire. Imperceptiblement, moi aussi, je me suis reculée sur mon siège.

Derrière la porte, dans le vestibule, ils attendent tous debout, le front barré de lunettes noires, Marion Cotillard tient le bras de Guillaume Canet, Claude Lelouch est immobile, Pierre Billon retient ses larmes sous son blouson de cuir. J'ai mal au ventre. Hier soir, dans les bras d'Ikel, j'ai tout lâché, des pleurs que je retiens depuis le début. Dans ma poche, le dernier brouillon de ma liste du cortège, qui ne ressemble plus à rien.

Un à un, avec Ségolène Dugué, je vais les voir en leur glissant dans la main un Post-it avec un numéro, celui de leur voiture : Claude Bouillon, Hélène Darroze, Anne Marcassus, Marie Poniatowski, Caroline de Maigret, Jean Reno, Jean-Claude Camus, Eddy Mitchell, Claude Lelouch, Vincent Lindon, Patrick Bruel, David Khayat, Ardavan Amir-Aslani... Laeticia descend l'escalier. Elle est habillée d'un manteau trois quarts noir, d'un pantalon noir patte d'eph et d'un pull noir à col roulé. Les lunettes noires ont remplacé les lunettes miroir, un coiffeur est venu lui attacher les cheveux à Marnes, ce matin. Pour une fois, la sobriété a glissé.

Il est 9 heures quand elle s'engouffre dans la première voiture avec ses filles, qui ne la quittent pas. Ces deux petites, elles me balaient le cœur, elles sont si dignes sous leur regard perdu. Les moteurs ronflent, les berlines et les Viano s'ébranlent doucement dans le froid, direction le mont Valérien pour aller chercher Johnny. De la moto taxi, je regarde le long corbillard s'allonger vers le portail. Je partirai en dernier. Ma place est réservée dans l'une des voitures avec Sébastien, mais je n'ai pas envie de m'y mettre, pas encore. Comme si, pour la première fois, je voulais prendre quelques minutes de recul sur ce que je vis, comme si je voulais ne pas en être, de ce cortège qui va accompagner pour la dernière fois Johnny. Au portail, en bas, les flashs crépitent de toutes parts, j'en ai plein les yeux.

Johnny repose dans son cercueil blanc. Blanc peut-être en hommage à la couleur fétiche d'Elvis, l'idole de Johnny. De nos voitures alignées sur le parvis du mont Valérien, nous le regardons dans son corbillard vitré, prêt à partir. Laeticia a serré les mains, tout le monde s'est pressé autour d'elle, je n'ai pas voulu, pas pu rester à l'intérieur. Comme d'habitude, je me raccroche au réel comme à une bouée. Il fait tellement froid ce matin que mon téléphone s'est éteint, la pire chose qui pouvait m'arriver aujourd'hui. Le chauffeur me le met sur le chauffage, à fond. Ma tête bourdonne.

Le ciel de Paris est gris neige, sans un nuage. Le cortège roule au pas, nous entrons dans la capitale, l'avenue de la Grande-Armée dessine devant nous son artère droite. Je suis sidérée, à côté de moi, Sébastien retient son souffle. De toutes parts, des gens, des bikers, une masse noire de Harley pétaradantes, c'est fou ! À combien sont-elles venues ? Mille, deux mille ? Au fur et à mesure qu'il s'avance, notre cortège semble fendre la foule et la foule s'enrouler autour de nous, nos vitres sont incendiées de visages, des hommes, des femmes, des enfants de tous âges, nous voyons défiler les larmes, les bras levés vers le ciel, nous arrivons à l'Étoile, c'est le moment de déclencher la musique, l'harmonica et la guitare retentissent. Les paroles des chansons, ces chansons mille fois entendues, *Je te promets*, *Que je t'aime*, *Le Pénitencier*… ouvrent toutes les bouches, font chalouper les épaules. Je ne veux plus retenir mes larmes.

Oh Johnny, si tu savais…

Les Champs-Élysées sont à présent noirs de monde, noirs d'un seul corps, une seule voix. Moment unique, moment tel un miracle dont je me souviendrai toute ma vie.

Mais pourquoi n'avance-t-on plus ? La Concorde est en vue, à présent, et les voitures se sont arrêtées. Aucun de nous n'ose ouvrir les fenêtres. Que se passe-t-il ? Sébastien transpire, nous regardons les gens derrière les barrières qui nous regardent. Un téléphone sonne : le président Macron n'est pas encore arrivé. Sur le mien tombe un message de Laeticia : « *Quel héros sur la Terre. Il est avec nous.* »

Dans quelques minutes, sa descente de voiture se fera selon le scénario dessiné à l'Élysée. Elle s'arrêtera à vingt mètres de la Madeleine où l'attendront, debout, le président de la République et sa femme, aux côtés de David et Laura. Elle marchera jusqu'à eux, car il faut qu'elle marche. Les musiciens s'arrêteront de jouer. Et Emmanuel Macron s'emparera du pupitre pour prononcer son discours.

C'est la cohue dans les premiers rangs de l'église. Comme sur une mer démontée, je me sens poussée par un courant d'équinoxe. Avec Laeticia, nous n'avons prévu que les deux premières rangées pour les plus proches, et nous avons laissé libres toutes celles derrière. Grossière erreur. Entre ceux qui veulent remonter d'un rang et les autres assis à côté d'untel ou untel, c'est la pagaille. Je vois Anne-So parler à Jean-Claude Darmon et au père de Laeticia, je sens certains regards s'alourdir sur moi, je me verrai bientôt accusée par telle amie de l'avoir mal placée, je me croirai revenue au sale temps des quotas dans les concerts. Mais tout le monde, Dieu merci, ne cherche pas à être filmé. Je repère une place vide, m'y pose lourdement. Je ne vois que des gens de dos, je ne vois pas Laeticia, je ne vois pas Sylvie, David, Nathalie et Laura, j'oublie tout, le temps de la cérémonie et des lectures, les mots des uns et des autres me parviennent sous une neige d'encens, j'entends les musiciens de Johnny jouer *Je te promets* autour de son grand cercueil et je pars, je me laisse enfin aller.

À ce moment-là, je crois que j'aurais pu pleurer pendant un an.

Nous filons au-dessus des nuages et Paris n'est pas encore réveillé. J'ai regardé mes enfants dormir, je me suis remplie de leur haleine, je les ai embrassés vite, très vite, et je suis descendue en courant dans la nuit pour sauter derrière Franck. Il est temps, maintenant, d'emmener Johnny de l'autre côté de l'océan.

Est-ce qu'un jour, j'expliquerai mon métier à mes enfants ? Est-ce que dans quinze ans, quand ils entendront la musique de cet immense artiste, je leur raconterai réellement tout de cette histoire ?

Installée à l'avant, côté hublot, Laeticia paraît rentrée en elle-même. Recroquevillée sur son siège, elle me semble avoir encore maigri, elle ne mange plus depuis des jours, un rien pourrait la faire vaciller.

Le cercueil est dans la soute. Ce matin, Sébastien est arrivé très tôt au Bourget pour s'en charger, nous ne sommes pas nombreux à le savoir. Mes feuilles griffonnées dans les mains, j'essaie d'éviter d'y penser. L'hébergement des trente invités là-bas, à Saint-Barth, va m'y aider. Les places, comme toujours. Les places qui définissent le rang et les honneurs, la splendeur et l'opprobre. Entre ceux qui seront conviés dans le Saint des Saints, à savoir la Villa Jade, la maison de Johnny et Laeticia, dans la Villa Joy, celle de Jean-Claude Darmon un peu en contrebas, ou bien encore dans d'autres maisons louées pour l'occasion, entre ceux qui voudront en être et ceux qui s'en moquent, une fois de plus il y aura un monde, comme toujours.

Accroupie entre les rangées, je vais de l'un à l'autre, je recueille les doléances, j'anticipe les susceptibilités à venir, mais non, décidément, avant l'atterrissage, l'une des amies de Laeticia me fera savoir sa fureur de ne pas dormir dans la Villa Jade. J'aurais dû m'assurer qu'il y avait un défibrillateur à l'arrière de l'appareil. Je parlemente, Laeticia ne voulait pas, j'ai exécuté, je demande en douce à Sandrine, la secrétaire, de faire tambour battant la répartition des bagages quand nous débarquerons, de manière à éviter toute tergiversation supplémentaire. Je sais en plus qu'à cause de l'ouragan Irma, l'aéroport de Saint-Martin est complètement désorganisé et planté de tentes. Je pressens la difficulté.

Clic-clac ! Je me retourne sans y croire. Dominique Jacovides dit Jaco, le photographe de Bestimage, l'agence de Mimi Marchand, vient de sortir son appareil et de shooter dans l'avion. Quelqu'un me demande ce qu'il fait là. Je n'en sais rien. Enfin si, je comprends qu'il ne nous accompagne pas pour le plaisir d'aller dans les Caraïbes. Il fait son travail : il suivra tout l'enterrement. Laeticia et Mimi se sont réconciliées.

Le voyage est interminable. À Saint-Martin où nous faisons escale dans une chaleur de four, un autre drame se profile. Au guichet, un officiel explique à Sébastien que Laeticia va devoir voyager seule avec Johnny dans l'avion qui partira bientôt pour Saint-Barth, car il est trop petit, il n'y a qu'un siège passager et personne d'autre que le pilote ne peut légalement l'accompagner.

Laeticia seule dans un tout petit avion avec le cercueil de son mari ?

Je suis pétrifiée.

J'ai onze ans et je suis dans l'avion militaire qui transporte le cercueil de mon père. Nous avons décollé de Marseille et nous allons jusqu'à Metz où mon père va être enterré.

Laeticia ne voit pas que je suis abîmée dans un silence sans fin. Jamais auparavant je n'avais eu un tel flash.

Le luxe réconforte. En posant le pied pour la première fois dans la Villa Jade, à Saint-Barth, j'ai l'impression de n'avoir jamais vu plus bel endroit. Quand ils ont acheté leur premier terrain en surplomb de la baie de Marigot, en 2006, Johnny et Laeticia se sont fait construire là une villa de rock star mondiale. Nichée dans la végétation, la maison ressemble à un écrin asiatique. Un petit pont en bois surplombant une cascade conduit à la terrasse qui offre une vue époustouflante sur la baie, la piscine à débordement donne la sensation de piquer une tête dans la mer, le salon aux meubles laqués, immense, diffuse une atmosphère zen, la charpente est semblable à une coque de bateau. En m'asseyant timidement dans l'un des canapés du salon, sous les suspensions noires qui éclairent les murs, je comprends mieux l'amour de Johnny pour son île, pourquoi il a voulu se faire enterrer ici. À peine débarqués de l'avion, ses musiciens sont d'ailleurs partis jouer pour les gens du coin, près du funérarium décoré de fleurs où le cercueil repose en attendant l'inhumation, demain. C'est sans doute ce qu'aurait aimé Johnny.

En attendant, le problème principal de tous les participants est le dress code. La veille à Marnes, Laeticia nous a demandé de nous habiller de blanc, comme aux Antilles les jours de funérailles. Le lendemain de notre arrivée, au réveil, je sursaute et demande à Sébastien s'il a pensé à prévenir David et Laura. Évidemment. Les grands enfants de Johnny sont venus par leurs propres moyens. Nous les avons quittés à la Madeleine. Nous les retrouverons au funérarium.

Il est midi. Le soleil, à son zénith, nous plante des clous dans la peau. J'étouffe sous ma tunique blanche à manches longues et bouffantes. Laura est là, en longue robe, les yeux de son père, elle semble un peu perdue, en retrait, David embrasse la trentaine d'invités. Laeticia s'engouffre avec eux dans la pièce où repose le cercueil au milieu des fleurs. Ils vont rester là un moment, un long moment. Par la suite, Laeticia dira avoir voulu le passer avec eux, devant Johnny, la main sur le cercueil, pour essayer de trouver des mots justes, pour épancher certains regrets qu'ils devaient porter en eux. Version contestée quelques mois plus tard…

Johnny reposera pour l'éternité face à la mer. Sa tombe blanche est couverte de couronnes. De dizaines de gerbes dont l'une porte un bandeau, Lady L. – pour Lady Lucille.

Il est environ 14 heures quand Laeticia se dirige tout droit vers la tombe sans trébucher avec ses talons sur le sable, nous nous postons tous autour d'elle. Maxim Nucci, très ému, se met à jouer de la guitare. Jean-Claude Camus et Jean Reno ont l'air dévasté. Laeticia, David et Laura se prennent dans les bras. À côté de moi, Mimi Marchand envoie des SMS et pianote sur son téléphone. Elle prend des notes, s'agace de voir des photographes perchés ici et là, Jaco prend des photos pour elle. On entend des clic-clac ! partout. Instants captés, volés sous tous les angles, qui feront bientôt la une de *Paris Match*. Quand nous quittons le cimetière, le soleil est tombé sur la mer et Jaco shoote encore.

Nous finirons au rhum et au vin blanc chez Jojo Burger, le bar en face du cimetière, Laura ne viendra pas, David passera. Et le lendemain, en repartant dans l'avion, je me dirai : « *C'est fait.* » Nous avons fait ce qu'il y avait à faire.

– 17 –

Renaissance

J'ai retrouvé ma vie, mes enfants, leurs biberons du matin, mon amoureux, mon appartement, l'odeur de mon lit, j'ai l'impression de ne pas y avoir dormi depuis un an, dans ce lit, alors que Johnny est mort le 5 décembre et que nous sommes le 12. Noël approche et je n'irai pas le passer à Saint-Barth. J'ai choisi d'aller chez ma mère à Metz, en Moselle. Dans la presse, tous les jours, les articles tombent, les rotatives tournent, le feuilleton est en marche. Il ne s'arrêtera plus.

Paris Match est sorti avec Laeticia, David et Laura en couverture. Laeticia lève les yeux au ciel, elle pleure en serrant la main de Laura, David semble perdu dans ses pensées. Tous les trois en blanc se tiennent devant le cercueil, « *unis dans le chagrin* », dit la légende. Union sacrée autour de la tombe. Mimi n'est pas étrangère à l'article, toutes les photos ont été validées. Je les regarde de loin comme on regarderait un beau tableau sur lequel on viendrait d'apposer soi-même une couche de peinture. Sébastien doit bientôt partir fêter Noël avec Laeticia à Saint-Barth pour ne pas la laisser seule, Maxim Nucci et Bertrand Lamblot, le directeur artistique de Warner, iront l'accueillir en janvier à son arrivée à Los Angeles, Maxim aura mis la touche finale au dernier album. Nous échangeons à distance avec Laeticia, elle me parle de sa douleur, Johnny était son double, sa promesse, sa raison de se battre depuis toujours, elle me dit la nécessité de rester forte, digne et courageuse pour ses filles, son soulagement que Seb, Max, Bertrand et moi allions bientôt la revoir, son espoir qu'une armée d'amour continue pour qu'on se protège, qu'on retrouve un peu de la bulle qu'elle avait su si bien construire avec son homme. La vie continue. La vie sans Johnny. Mon travail aussi.

23 janvier 2018, j'arrive à mon tour à Los Angeles. Dans la maison, rien n'a bougé, tout est resté à sa place, comme s'il allait passer la porte dans la seconde et envahir la pièce de sa présence. Johnny est parti d'ici en mai 2017 sans savoir qu'il n'y reviendrait jamais. Son chapeau est sur la table, son permis de conduire californien sur son bureau.

Sur le pas de la porte, incapable d'avancer, je me mords les lèvres. Quelque chose ne va pas, ne va plus. Johnny n'est plus là et je ne supporte pas de revenir chez lui.

Mais il y a quelque chose d'autre, de plus diffus, d'indicible, quelque chose que je sens monter depuis des semaines et qui me saute à la gorge. La coupure de Noël ne m'a pas été bénéfique. À Metz, j'étais revenue dans un monde normal qui n'affiche pas sa vie dans les journaux ou sur Instagram, ne s'abrite pas derrière des lunettes noires au petit déjeuner, qui peut certes sembler un peu tiède dans son quotidien, mais c'est le mien, ma vraie vie. Et me revoilà sur une autre planète qui fait cracher tant d'encre et suscite tant d'envie.

Tout dans cette maison me paraît désespérément immense, vide.

Mais Laeticia a retrouvé sa coiffure apprêtée, ses extensions parfaitement brushées, ses jeans de marque et son visage de poupée. Au dîner du premier soir dans un restaurant coréen, à table avec les garçons, elle trinque, elle semble même enjouée tout en me disant son désespoir. J'ai une barre derrière la tête, je ne me sens pas bien.

Est-ce elle ? Ou est-ce moi qui deviens folle ? Je crois que j'ai perdu le nord. Je ne suis plus sûre de rien, de ce que sont le chagrin, la mort, de ce que disent les sourires. Dans ce monde qui façonne les rêves pour les imprimer sur du papier glacé, dans ce miroir qui ne dit plus rien des êtres que nous sommes, je ne suis plus moi mais Lolotte, encore et toujours.

Une onde de choc. L'éclat de sa voix, de ses silences. C'est la première fois que j'écoute le dernier album de Johnny. Assise sur le canapé du salon à côté de Laeticia qui s'est mise à la place de son mari, face à la grande bibliothèque, j'ouvre les yeux, je vois Sébastien en face sur son fauteuil, Maxim debout. *J'en parlerai au diable* résonne encore entre les murs, impossible pour moi d'entendre le texte, je ne suis que dans la voix de Johnny, qui nous parle de l'au-delà, qui revient nous voir dans sa maison. Aucune fausse note. Johnny n'en fait jamais, ou alors il rechante tout du début à la fin, aucun logiciel ne vient travailler cette voix d'une pureté invraisemblable.

Je veux l'écouter encore. Pendant la semaine, et même des mois, je ne retiendrai que cette première chanson.

La semaine est ainsi consacrée à l'album. Et à la reconstruction de Laeticia. Johnny n'est plus là. Maintenant, c'est elle. Elle qui semble muer, se repositionner doucement, petite fille qui a glissé au statut de veuve nationale, femme sacrificielle qui a conduit le cortège et réconcilié la nation sur les Champs-Élysées.

« *Je veux que ce soit ce titre.* » « *Je veux que ce soit dans cet ordre.* » J'entends des phrases, des inflexions que je n'ai jamais entendues auparavant, même si Laeticia reste à l'écoute de tout ce que dit Sébastien, qui est un peu la voix de Johnny vivant. Un après-midi, alors que nous nous promenons dans Malibu pour acheter un cadeau d'anniversaire à Omar Sy, nous sortons de la boutique Zadig et Voltaire avec un paquet et elle me dit : « *Tiens, prends le sac, je ne veux pas qu'on me prenne en photo avec.* » Elle ne peut pas faire du shopping alors qu'elle est en deuil. Sur le trottoir, j'en reste bouche bée.

Dans la presse, on lit que Laeticia ne sort plus, vit recluse, n'a plus envie de rien. Dans la maison de Pacific Palisades, quand j'y suis, tous les jours ou presque arrivent des vêtements, des chaussures de marque. Comme avant, Laeticia poursuit ses achats, simplement elle ne va plus les chercher elle-même. Chez Elyse Walker, elle repère des choses qui lui plaisent, elle le dit à sa copine Molly la vendeuse, mais désormais, elle se fait livrer.

Les paparazzis, c'est vrai, ne la quittent plus. Ils attendent même devant la maison, dans leur voiture. Ils sont là parce qu'ils veulent voir comment la veuve de Johnny reprend ses marques, parce qu'il faut continuer à vendre l'histoire. L'un des photographes est à Mimi Marchand, qui me le confirme, l'autre est un Américain qui « fait » les Français aux États-Unis. Souvent, Laeticia m'entend pester : « *Mais ils sont encore là ? Quel est l'intérêt ? On ne fait rien ! Accélère, qu'on les sème !* » Je peste d'autant plus que nous n'allons que dans des endroits où nous serons shootées, chez Nobu ou ailleurs. Maxim Nucci semble être l'un des premiers à capter le manège, lui qui se débrouille toujours pour ne pas partir ni arriver en même temps que nous. Un jour, après une petite accélération de circonstance de Sébastien au volant, nous parvenons à semer les paparazzis, qui n'enfreignent jamais le code de la route aux États-Unis. Nous allons prendre un verre dans un bar en rooftop, l'atmosphère se détend, puis Laeticia en a assez, nous redescendons. Les types sont revenus. Ils nous attendent en bas.

« *Ils repèrent la voiture, c'est pas possible !* » Je suis en boucle, Karin Viard dans *Les Randonneurs*. C'est à devenir fou.

Sébastien et Maxim sont repartis, je reste encore deux jours à Los Angeles. Deux jours sous le soleil californien. C'est à ce moment-là qu'arrive l'une des amies de Laeticia, celle qui m'a reproché de ne pas la faire dormir dans la Villa Jade la veille de l'enterrement… Certaines rancœurs vivent longtemps. En plus de s'être trouvée trop éloignée de Laeticia ce jour-là, un soir, après un dîner très arrosé, j'apprends qu'elle se jugeait aussi beaucoup trop loin d'elle dans le cortège funéraire : « *J'étais voiture 7 ! Non mais tu te rends compte ?* » Pour appuyer son courroux, l'amie en question me dit, au final : « *J'en ai parlé avec Mamie !* » Or à ce moment-là, Mamie Rock, qui vivait depuis huit ans avec Johnny et Laeticia, n'est plus en odeur de sainteté. Elle apprécie peu Sébastien Farran, comme son fils, le père de Laeticia, et le fait trop savoir, entre autres choses, à Laeticia qui en prend ombrage. Pendant tout mon séjour, la grand-mère et la petite-fille ne s'adressent plus la parole. Et un jour, l'orage éclate. Mamie Rock va bientôt dire au revoir à sa vie de rêve et rentrer en France pour un moment. En classe économique, pour une fois, elle qui disait : « *Moi je ne voyage pas comme du bétail !* »

Entre elle et Laeticia, les mots jaillissent, depuis longtemps. Laeticia n'est pas toujours tendre, au contraire, d'autant que sa grand-mère se mêle de tout. Il a suffi, une fois, que Mamie autorise Laura et Nathalie Baye à appeler Carl pour qu'il vienne les chercher à l'aéroport à Roissy, au retour de leur séjour à Los Angeles. J'en ai entendu parler pendant des jours… Johnny vivant, les grosses colères se terraient derrière les bouderies. Lui disparu, quelque chose a changé, indéniablement, comme une digue qui a sauté. La douleur durcit, propage des angoisses, rend parfois aveugle. Et l'être humain ne se satisfait pas du vide, pas plus que la presse qui, chaque jour, se repaît des moindres échos de Los Angeles.

Dans les journaux, je lirai ainsi que Mamie Rock est rentrée pour faire des examens médicaux. Laeticia a écrit à ses amis beaucoup de SMS en ce sens. Elle continue d'écrire l'histoire. Et à son retour en France, Mamie Rock ne sera pas laissée pour compte, bien au contraire, Ségolène Dugué lui rendra visite à Marnes, l'emmènera déjeuner dans Paris, Carl traversera le pays pour la reconduire jusqu'au Cap d'Agde. Personne, en réalité, n'a envie qu'elle s'épanche dans les médias. D'autant que personne ne sait encore ce que l'on sait aujourd'hui et qui intéresse la justice : Mamie Rock est devenue la présidente des sociétés qui géraient les revenus et l'image issus des tournées de Johnny, ainsi que ses royalties. Et si elle refusait de signer ?

Ce 1er février 2018, je pars de Los Angeles sous un soleil noir. Très bientôt, à la fin du mois, je dois revoir Laeticia à New York où Hélène veut l'amener quelques jours pour respirer. Elle y verra Zofia et Jean Reno, elle pourra enfin décompresser un peu. Laeticia a voulu que j'y sois. J'ai accepté. La Bonne Étoile est perdue de vue depuis un moment. Elle reviendra, sans doute, dès que nous irons tous mieux.

– 18 –

L'attentat

12 février 2018. Une fille écrit à son père mort. Elle lui dit qu'elle a appris qu'il les déshéritait, elle et son frère, qu'elle rêve de lui chaque nuit, qu'il lui est insupportable de ne pas avoir pu lui dire au revoir. Et elle conclut :

« *J'ai choisi de me battre.* »

Cette fille parle à la France entière et elle s'appelle Laura.

Pour moi, l'histoire s'était en quelque sorte achevée avec la mort de Johnny. Il n'y aurait plus de larmes, plus de rêve, plus d'éclats, seuls le lustre de la mémoire et la musique, qui ferait son œuvre. Au ciel, Johnny était en conversation avec le diable. Comme quand on laissait à un pharaon des trésors pour son dernier voyage quand il montait vers le soleil, il lui restait la légende façonnée de son vivant, vraie ou fausse, peu importe, et sa veuve inconsolée.

Et puis la bombe a explosé.

Je pensais que le mot « fin » avait été écrit. Mais non, le film devait continuer, et s'écrire sous l'œil du public. Comme il avait commencé.

Quelques jours avant que la lettre ne sorte, à peine revenue en France, j'avais reçu des mails de Laeticia sans comprendre. Sans aucun mot d'explication, elle me transférait des courriers officiels signés de la main de Laura, demandant des informations sur l'héritage, comme tout enfant peut le faire dans les six mois suivant la mort d'un parent. Je n'avais pas posé de question, j'avais archivé ces échanges dans un coin de ma tête. Et puis ce 12 février, en fin de journée, j'ai reçu une alerte sur mon portable et j'ai lu la lettre, comme tout le pays.

La violence du trouble, en la lisant.

Son téléphone sonne dans le vide. Dans quel état peut-elle bien être, à cette heure ? Que lui dire ? Quels mots trouver pour la réconforter ? J'envoie un timide SMS, tu as mon soutien, Laeti, ne sors pas si c'est la débandade devant chez toi, ça va aller…

Trois heures plus tard, elle me répond : « *C'est atroce, je suis anéantie par tant de haine.* »

Une vague de dix mètres vient de se casser sur elle et me submerge à mon tour : « *Cette déferlante depuis ce matin et la déclaration à la presse de mensonges de*

Laura est ignoble. Les gens jugent, les gens crachent leur venin sans savoir et sans comprendre. Je viens de couper toutes mes notifications et commentaires de réseaux sociaux pour m'épargner la nauséabonde bêtise humaine. Merci Dieu, c'est immonde, j'essaye d'en regarder le moins possible, c'est une déferlante dans tous les sens et c'est totalement inadmissible tout ça. Des horreurs, des insultes, des mensonges qui sont dits délibérément de cette façon, c'est atroce. C'est atroce. Mais mon Dieu, s'il pouvait m'aider, me faire un signe. Je n'arrive pas à m'apaiser. Je n'arrive pas, c'est plus fort que moi. »

Le soir même, l'avocat de Laeticia, Ardavan Amir-Aslani, fait publier un communiqué expliquant son « *écœurement de l'irruption médiatique autour de la succession de son époux* ». Laeticia Hallyday est « *sereine* », regrette la polémique dans la presse et n'aura de cesse de consacrer toute son énergie à faire respecter le travail et la mémoire de son mari, selon sa volonté. Des mots qui sonnent comme un coup d'épée dans l'eau. En quelques heures, nous le réalisons, l'opinion s'est retournée. Les dégâts sont effroyables. La madone est devenue la veuve noire.

Les jours qui suivent, je n'essaie que d'éponger l'ampleur du désarroi. Il est insupportable à Laeticia d'entendre que Laura a été empêchée de dire au revoir à son père, insupportable de lire dans sa lettre une victimisation orchestrée, insupportable de lui faire jouer un rôle opposé à celui qu'elle a joué toutes ces années, de travestir la vérité, de porter cette histoire sur la place publique dans le seul but de la détruire, de lui nuire, de la salir, avec pour conséquence de salir aussi Johnny.

Laeticia souffre, je le sais. Elle vit même un martyre, elle qui, de son histoire, même en privé, n'a jamais voulu raconter que le beau, la romance, une réalité enchantée, ce que l'on raconte en interview. Le coup de foudre avec Johnny dans un restaurant de Miami, la soirée à l'Amnesia, les fax passionnés, l'installation avec Johnny à la Villa Molitor, sa surprise quand elle a appris dans un magazine people qu'il avait organisé le mariage sans même la prévenir : « *Ah ! C'est drôle ! Il a oublié ! Ça, c'est mon mari !* » Quand elle a croisé la route de Johnny, Laeticia n'avait que vingt ans. Sylvie Vartan et Nathalie Baye, elles, avaient leur vie, leur propre vie. Laeticia a dédié la sienne à son homme, elle a fait de son histoire avec la star un roman à 65 millions d'exemplaires. Et voilà qu'on le lui saccage. En public.

La guerre est déclarée. Laura et David ont décidé de mener « *toutes les actions de droit* » pour contester le testament de leur père qui ferait de Laeticia sa seule légataire au plan financier et moral ; tous les investigateurs de Paris se sont mis à chasser les différentes versions du testament dont certaines sont encore inconnues, au même titre que les trusts ; sur RTL et dans *Le Point* sortent les donations déjà faites par Johnny de son vivant à ses aînés… Sidérant. Tout le monde, jusqu'à ma dentiste égyptienne, s'est pris de passion viscérale pour cette histoire qui touche au lien du sang, à la transmission, aux enfants, tout le monde a son mot à dire sur « *l'affaire* ». C'est le meilleur feuilleton sur papier glacé de ces vingt dernières années, c'est l'histoire de la marâtre réécrite en version Insta.

Les célébrités s'en mêlent. Eddy Mitchell et Dominique Besnehard, l'ex-agent de stars, disent leur incompréhension et apportent leur soutien à Laura ; dans le *Huffington Post*, Éliette Abécassis, femme de lettres, publie, elle, une vibrante tribune qui rend hommage à Johnny, un homme qui « *était la liberté* », ne s'est « *jamais embarrassé des conventions, des bonnes pensées* [...] *On peut aimer sa femme plus que ses enfants, on peut aimer certains enfants plus que d'autres et puis l'amour, ça se mérite* ». L'écrivaine rend surtout hommage au couple et à Laeticia : « *Il y en a qui ont l'énergie de penser à l'héritage et d'autres qui ne tiennent pas debout, ils sont encore dans la mort, recueillis, amoindris, au point où ils n'imaginent pas en sortir, comme Aida dans la tombe. Douloureuse, courageuse femme, épouse et mère.* »

Pour Laeticia, bouleversée, le texte est une « *fulgurance* » qui « *remet l'église au milieu du village* ». « *Ils n'auront pas ma haine* », ajoute-t-elle dans une référence osée au livre d'Antoine Leiris en hommage à sa femme abattue par des tirs de kalachnikov au Bataclan le 13 novembre 2015.

Mais ici et là, quelques amies commencent à lui exprimer leurs doutes, en privé. Malgré les rapports que Johnny a eus avec ses enfants, ils restent ses enfants, quand même, il doit les assumer un peu… C'est trop dur, quelle que soit l'histoire, de ne pas exister en tant qu'enfant… Est-ce bien vrai ce que dit la presse ?

Laeticia se replie, s'insurge. Et coupe. Violemment.

Il y a désormais deux camps. Le camp de Laeticia et celui des « autres », masse fluctuante d'amis très proches qui vont bientôt subir le couperet de la guillotine, d'un pays qui juge sans savoir et ne connaît rien à « *la vérité de l'amour* ». Entre les deux, à chaque instant, je mesure l'épaisseur de la haine. Je patauge dedans.

Au moindre dîner en ville, les regards se tournent vers moi et la question fuse :

« *Alors ?*

– *Alors quoi ?* »

Décemment, je ne peux rien dire. Je suis devenue le centre d'interrogations qui me dépassent complètement, je suis même prise à partie comme si j'étais Laeticia Hallyday ! Comme si j'étais kidnappée par elle, la fille derrière son écran.

À Ikel, un soir, je m'entends murmurer sur le ton de la panique : « *Tout ce qu'on se dit à la maison ne peut plus sortir. On a des copains en commun avec chose, alors fais attention à machin qui adore les gossips, des fois qu'il le répète à chose et qu'il croie que c'est moi qui…* » Ikel me regarde les yeux stupéfaits, comme ma mère que j'ai prévenue : « *Fais bien attention à ce que tu dis chez le coiffeur.* » Je deviens dingue.

Un matin, mon copain corse Ange-Marie m'appelle, mi-amusé mi-anxieux, et m'achève : « *Oh, dis-moi, on ne déshérite pas ses gosses, on est bien d'accord ?* »

Comment se positionner dans cet invraisemblable conflit de sang et d'intérêts où chaque geste, chaque mot sera interprété, découpé, disséqué sous l'œil de la caméra ? « *Seb, qu'est-ce que je dois dire ?* » Sébastien, pas plus à l'aise que moi, a trouvé la parade en disant à Laeticia : « *Si c'est ton mari qui veut ça, nous, on travaille pour ton mari, donc on veut ça.* » Adapté à mon cas cela donne : « *Si Laeticia veut ça, je veux ça* ». J'en ai fait mon mantra.

Sébastien m'aide à me remettre d'aplomb. Mais c'est sans compter la longueur et la férocité du combat qui se profile et dont aucun de nous n'a alors idée. À aucun moment, nous ne nous disons que Laeticia tiendra sur la durée. En trois communiqués, ce sera réglé. Il y aura une négociation, une porte de sortie, forcément.

Pour l'heure, je vis de plus en plus dissociée. D'un côté, le discours que Lolotte tient à Laeticia et en public, de l'autre, celui que Laurence a chez elle quand le rideau tombe. Comment fondre ce « elle » en un « je » ? Cette fille n'est pas moi, mais elle est bien en moi. Alors plutôt que de parler de moi à la troisième personne, je ne sors plus. Désormais, je refuse toutes les invitations.

« *Tu viens dîner ?*

– *Non.* »

Sur ce, le 21 février, comme prévu, je pars rejoindre Laeticia à New York.

Au contrôle des douanes, à l'aéroport de New York, le policier derrière la vitre m'observe d'un air désagréable. Mon téléphone coincé entre l'épaule et l'oreille et mon passeport dans les mains, je ne comprends rien à ce que me dit Zofia, la femme de Jean Reno, à l'autre bout du fil. Elle est hors d'elle, une histoire de communiqué qui la rend folle. J'essaie désespérément de scanner mon index, le policier, tendu, me fait signe de raccrocher. J'ai envie de lui dire : « *Mais tais-toi, je ne comprends pas ce qu'on me dit !* » Je souris bêtement. « *Je vais devoir te laisser, Zofia ?* »

Que s'est-il encore passé pendant mes huit heures de vol ? L'Atlantique s'est vidé ?

Non, Laeticia compte ses soutiens dans la bataille. Elle a demandé à Jean Reno de faire paraître un communiqué pour la défendre, elle a besoin d'un témoignage appuyé du grand ami de Johnny, or le communiqué que Jean Reno souhaite valider ne convient pas à Laeticia. Hélène Darroze en a donc écrit un autre, nettement plus engagé, mais Jean Reno refuse cette fois de le publier.

Nous sommes au 100e étage du One World Trade Center. Il ne reste plus qu'une marche avant le ciel. Le soir est tombé, New York brille d'un éclat doré, sa vision me brûle les yeux. Je n'avais encore jamais revu d'en haut les deux trous laissés à l'état de plaies ouvertes par les tours jumelles frappées par le terrorisme, le 11 septembre 2001. Et Laeticia, à côté, ne me parle que de Laura, de Jean Reno, de « *contre-attaque* ». Elle me peint sa débâcle intérieure. Et je n'entends rien. Je pense à *Nécropolis*, ce roman d'Herbert Lieberman sur New York, la cité des morts, qui m'a marquée, à l'adolescence. Au saut de l'avion, je les ai retrouvées, elle et Hélène, au sortir d'une comédie musicale de quatre heures à Broadway, Laeticia a commencé à m'entreprendre dans la rue, devant la salle de spectacle, non loin d'un paparazzi et depuis, elle n'a plus cessé.

Elle n'est plus la même. Elle est nerveuse, à vif. Elle passe sa journée au téléphone, elle ne dort pas, peut rester confinée dans la chambre de la grande suite au Greenwich Hotel qu'elle a louée avec Hélène et les filles. Le vent de l'opinion a tourné, elle l'a bien senti, elle est rentrée dans un combat sans savoir encore comment structurer sa défense.

Pour essayer d'apaiser l'ambiance, j'ai proposé à Zofia de laisser passer la nuit. Entre les deux communiqués, la différence de ton est flagrante, c'est vrai, alors mieux vaut laisser reposer. Elle et Jean ont accepté, Laeticia aussi.

Le lendemain, alors que j'arrive au Greenwich Hotel, mon téléphone vibre. Appel de Zofia, folle de rage : « *Ils ont publié ! Ils l'ont envoyé ! C'est partout !* » Marc-Olivier Fogiel vient de joindre Jean Reno pour l'informer que le deuxième communiqué, le plus engagé, a été envoyé à l'AFP... Ni Jean ni Zofia Reno ne l'ont validé. Jean Reno y évoque sa « *colère face au déferlement de mensonges venus piétiner l'honneur de celui que j'ai tant aimé, mais aussi celui de son épouse Laeticia et de ses filles, Jade et Joy* ». Et il ajoute : « *À ce jour, seuls comptent les derniers souhaits de Johnny. On ne peut lui reprocher d'avoir voulu protéger ses enfants mineurs et celle qui a vécu à ses côtés pendant vingt-trois ans, a œuvré pour qu'il remonte au sommet, a pansé ses blessures et apaisé son âme, l'a accompagné jusqu'à son dernier souffle et assume seule désormais la responsabilité de l'éducation et de l'avenir de ses deux plus jeunes enfants.* »

De quoi faire plaisir à Laeticia, forcément.

Surprise, j'appelle Sébastien. Que s'est-il donc passé ? Il me répond ennuyé que Ségolène Dugué (enfin on dira publiquement « une assistante ») s'est trompée de communiqué... Panique, micmac, flottement. Une heure plus tard, nous sommes chez Target, l'équivalent d'un H&M croisé avec Urban Outfitters et le BHV, quand Sébastien me rappelle, la voix grave, cette fois : « *Il y a un problème.* » Jean Reno vient de faire publier un démenti à son propre communiqué par son agent. « *À la suite des différentes déclarations parues aujourd'hui en son nom dans la presse, Jean Reno souhaite démentir ces propos qui ne sont pas les siens.* » L'acteur français dément avoir pris la défense de Laeticia Hallyday, titrent les journaux.

Laeticia a changé de mine dans les rayons. Autour de nous, les gens nous dévisagent. Agrippée à son téléphone, elle appelle Jean Reno : « *Tu me brûles sur la place publique !* » Dans la voiture, quelques minutes plus tard, Zofia tente de rappeler Laeticia, qui explose : « *Je suis la victime ! C'est moi la victime ! Vous me crucifiez !* »

La veille de mon départ, je retrouve Laeticia pour la dernière fois à l'hôtel, dans sa suite. Nous sommes en fin de matinée. J'entends qu'on a rendez-vous pour déjeuner.

« *Avec qui ?*

– *Avec Zofia.* »

Elles se sont réconciliées. Laeticia lui a offert un sac Saint Laurent pour son anniversaire. Elle a ravalé sa déception et son orgueil pour envoyer des messages d'amour, me dit-elle. Difficile aussi de se brouiller avec l'ami si cher de Johnny et le cinéma français.

Le déjeuner fini, Laeticia propose de prendre un peu l'air et d'aller dans un parc de Soho pour faire jouer les filles. Sur le trottoir, je sursaute :

« *Au parc ? Mais on va se faire photographier !*

– *Mais je ne vais pas m'arrêter de vivre !* »

Derrière les grilles, à dix mètres de nous, il y a en effet trois paparazzis, objectif en main. L'un ne cesse d'avancer et de reculer, pour être sûr de prendre Laeticia qui embrasse beaucoup ses filles sous le bon angle. On dirait un shooting… Mon exaspération à son comble, je dégaine mon téléphone et le prends à mon tour en photo. Le type m'insulte. Le monde à l'envers.

« *Allô Mimi ? Lequel est le tien ?* »

Avec Mimi, nous n'avons jamais perdu le fil. Laeticia traquée après l'affaire de l'héritage, elle a même voulu nous aider à brouiller les pistes : au départ, personne n'était censé savoir pour New York, une rumeur donnait d'abord Laeticia et Hélène Darroze à Londres. Et puis le 19 février 2018, Mimi m'informe : « *Bon je ne sais pas d'où vient la fuite… mais BFM vient de l'annoncer à NY avec Darroze !* » Et elle renchérit : « *Qu'elle ne fasse pas des courses de luxe, parce que là, les 100 paparazzis de NY, dès qu'ils sont réveillés, vont arpenter la ville pour la trouver !* »

Le même jour, vers 18 heures, nouveau rebondissement : « *Dans cinq minutes, Hélène Darroze en interview depuis NY pour Fogiel !* » Sur RTL. Stupeur. Que va-t-elle dire ? Personne dans le camp de Laeticia ne s'est encore exprimé ! C'est la première fois que l'une de ses proches monte au créneau. Hélène le fait bien, corps et âme, comme elle le fera toujours. Elle défend son amie, parle de la douleur de son deuil, se dit « *très choquée, très peinée* » des démarches de David et Laura avec lesquels « *les relations ont toujours été au beau fixe* ». Et elle affirme : « *Je connais assez bien mon amie pour dire que c'est évident qu'il y aura à un moment donné un partage, c'est un mot que je n'aime pas trop, un don de choses très symboliques.* »

Ses mots ont probablement débordé la réalité.

Un peu plus tard, Mimi m'informe de l'endroit où loge Laeticia, au Greenwich Hotel : son technicien spécialiste de géolocalisation, qui est en France, a géolocalisé trois fois Hélène Darroze, qui poste des photos du restaurant sur Instagram – « *Et il n'est pas le seul à savoir faire ça !* »

Le 25 février, Mimi revient encore, en parlant du démenti de Jean Reno : « *C'est quoi ce bordel ?* » C'est à s'y perdre, en effet. Le soir même, Sylvie Vartan doit parler à son tour sur France 2 pour défendre son fils. Sa voix portera, c'est certain. Elle est la femme de nos jeunes années, de Johnny tel qu'on l'adulait. Les deux taupes de Mimi à France 2 lui disent que c'est black-out total, rien ne filtre, alors elle regardera la télévision, anxieuse, comme nous tous.

La grande roue médiatique va tourner encore longtemps, avec ses entrées en scène, ses sorties de scène, ses demi-vérités, ses gros mensonges, ses coups de théâtre, face à des communicants et des acteurs en coulisse privés de voix. Dont je suis.

Pour la première fois, j'envoie des messages remplis de doute à Sébastien : « *Je ne sers à rien.* » Absurde positionnement, avec le recul. Pourquoi faudrait-il *servir* à quelque chose dans le tumulte des émotions, dans une tragédie familiale aux enjeux aussi douloureux ? Que vient faire la communication là-dedans ?

Depuis le début, les éditorialistes, plus ou moins partisans, campent les uns et les autres dans des rôles que nous contribuons à façonner comme si nous étions dans un grand théâtre d'ombre et de lumière. Mais la vie n'est pas un théâtre. Et sur Instagram, on ne voit pas les gens qui pleurent.

Je rentre à Paris au bout du rouleau.

Quelques jours plus tard, Anne-Sophie Aparis m'appelle sur le ton de la blague :

« *C'est toi qui as merdé sur le communiqué ? Je peux pas le croire !*

– *Hein ? Qui t'a dit ça ?*

– *C'est la rumeur qui court.* »

Mais bien sûr, j'aurais dû y penser. Depuis le début de cette histoire, on me prend toujours pour l'assistante.

– 19 –

Juste une mise au point

Nous devions repartir voir les orphelins du Vietnam. Il était prévu que Laeticia aille en mars inaugurer l'école financée par la levée de fonds Ulule. Mais dans pareil contexte, un voyage humanitaire est-il la meilleure idée ? Je tente une approche :

« *J'ai réfléchi au Vietnam, c'est un peu prématuré…*

– *Sage conseil* », me répond Laeticia.

Mais comment faire à présent pour expliquer la situation à Tim Aline, cette femme à l'inflexible volonté qui porte depuis tant d'années ses projets à bout de bras, au Vietnam ?

Je crois que je n'ai rien expliqué, je n'en ai pas eu le courage. « *On ne vient pas.* » Le Vietnam ne l'a pas très bien pris… Mais l'heure était à l'organisation de la riposte en France. Laeticia ne pensait plus qu'à ça : face aux ténors aguerris de Laura et David, à qui confier la périlleuse mission de reconstruire l'image sabotée, la « vérité » ?

La vérité… Depuis que je travaille dans la communication, je crois que je ne sais plus ce que signifie ce mot. De quoi parle-t-on ? De la vérité judiciaire, médiatique, émotionnelle ? Peuvent-elles se confondre ? Laeticia a-t-elle une seule vérité ou plusieurs ? Je ne suis plus sûre de rien. Quel est mon rôle ici ? Je crois qu'il existe surtout une vérité dominante que la narration de soi désire, martèle, pour maintenir une continuité de l'être, du « je ». Et cette « vérité », c'est celle que je sers.

En ce début mars 2018, plusieurs noms de grands communicants parisiens circulent et Laeticia semble perdue. Un soir, à Los Angeles, Patrick Bruel vient dîner chez elle. La voyant au plus mal dans cette maison vide, il lui parle alors de Mathieu Laine, l'un de ses conseillers et amis. Il se dit que ce communicant multicasquette et éditorialiste murmure à l'oreille des puissants, dont le Président lui-même. De fait, quand une communicante très connue de la place parisienne semblera tout près d'emporter la mission, un très proche de l'Élysée fera amicalement savoir à Sébastien Farran que s'ils s'avisaient de la prendre elle plutôt que Mathieu Laine, ils seraient définitivement fâchés avec le Château… À bon entendeur ! La querelle est en tout cas devenue une affaire de politique nationale. Un « *sujet de société* », comme le réalise elle-même Laeticia.

À la mi-mars, elle a pris sa décision, ce sera bien Mathieu Laine. Avec lui, elle se sent rassurée. Sa vérité à elle est celle de l'amour, avec lui, elle fera tout pour « *élever le débat et écraser les mensonges* ».

Un peu de communication ne fera pas de mal, en effet. Alors qu'elle s'était faite discrète après sa brouille avec Laeticia, Mamie Rock est de retour. Au début du mois, elle a posté une photo sur son compte Instagram où elle s'amuse à tirer la langue, à côté de Françoise Thibaud, la mère de Laeticia. Quelques jours auparavant, Élyette Boudou était sortie de son silence pour prendre la défense de Laeticia dans la tempête de la succession : « *Elle l'a aimé, elle a deux petites et c'est elle qui gagnera.* » Quand nous étions à New York, je n'étais pas loin quand Laeticia s'est esquivée un moment pour appeler sa grand-mère. Le vent se levait, il fallait resserrer les rangs.

Avec Mimi, je suis sur la ligne en continu. Infatigable Mimi qui louvoie comme personne, à la hussarde, dans le barnum politico-médiatique parisien, qui monte et démine des coups à la chaîne et ne cesse de m'impressionner. Elle continue de m'informer à l'avance de pas mal d'articles ou informations qui vont sortir dans tel média, elle en connaît le ton, la manière (un jour, l'une de ses informatrices, journaliste, lui dit que tel magazine télé du week-end va sortir un portrait de Laeticia, mais VRAIMENT pas à charge, ils vont retourner au Cap d'Agde où tout le monde la défend, faire parler un décorateur des maisons de Marnes et de LA qui l'adore, etc.). Avoir une présence aussi omnisciente à mes côtés me réconforte, surtout en temps de guerre.

Bien vite, Mathieu Laine conseille à Laeticia un plan d'attaque : l'idéal serait une prise de parole écrite, tenue, « *par le haut* » et « *une intervention sincère teintée de tristesse à la Lady Di sur ce que ses beaux-enfants lui ont fait, mais reprenant des forces dans ce qu'est son mari, sa famille, son œuvre, pour reconstruire* ».

Lady Di, l'une des idoles de Laeticia.

Mais Mimi voit rouge. Et pour cause, Mathieu Laine, qu'elle a d'abord survendu, marche soudainement sur ses plates-bandes. Il a choisi *Le Point* pour l'écrit et elle est liée à *Paris Match* qui aurait dû avoir la première prise de parole publique de Laeticia. Comme elle le fera savoir à cette dernière, *Match* a toujours pris sa défense depuis le début, le magazine s'en sentira humilié et il est très dommageable de se fâcher avec un journal comme *Match* et le groupe Lagardère… Mais la décision est prise, sans nous. Alors Mimi va se battre pour le photographe. Impensable que Mathieu Laine et *Le Point* choisissent seuls dans leur coin un photographe qu'elle n'aime pas et l'écarte, elle et son agence de presse qui fait 70 % des couvertures françaises et allemandes ! Elle a brillamment fait sienne la devise de Roger Thérond, l'ancien patron de *Match* : « Le poids des mots, le choc des photos ». L'histoire se solde par le choix de Dimitri Coste, le photographe de Johnny et Laeticia, avec lequel Mimi a l'habitude de travailler. Laeticia ne voulait pas non plus prendre le risque d'être photographiée par quelqu'un qu'elle ne connaissait pas.

Depuis des années, Laeticia envoie souvent les mêmes corps de SMS à ses connaissances. Nous commençons alors à recevoir des mots de sa part tournés d'une autre manière qu'à l'accoutumée, des messages nettement plus combatifs. Mathieu Laine lui parle beaucoup au téléphone, sur Telegram, la messagerie sécurisée qu'utilisent les djihadistes. Puis un jour, il part la rejoindre à Los Angeles pour l'accompagner dans le grand oral.

Ils sont assis tous les trois dans le bureau de Johnny, sur le canapé recouvert d'une peau de bête, et semblent discuter tranquillement. Une interview comme Johnny en a fait cent mille, sauf que ce n'est plus lui, mais elle. Je suis troublée de les voir là, sur mon écran. Dimitri a pris une centaine de clichés. Dans mes yeux, passé et présent se confondent. Je suis chargée de valider les photos qui illustreront l'interview dont toutes les questions ont été soumises à Laeticia. Étienne Gernelle, le directeur du *Point*, est à côté d'elle. Assis en face d'eux, Mathieu Laine. On m'a dit de ne pas le montrer, logique. Je l'enlève. Au final, il me faudra une photo pour les pages intérieures, le reste étant constitué des archives de Bestimage, une autre pour la couverture.

J'opère une deuxième sélection par la couleur. Laeticia porte quatre tenues, je supprime d'emblée les noires que je juge trop austères. Toute sa vie, elle n'a cessé de s'habiller et de prendre soin d'elle parce que Johnny l'aimait comme ça, elle figurerait à présent en veuve éplorée ? Je n'y crois pas et ne conserve que sa chemise rouge et noir. Et je cherche son plus joli port de tête, celui qui lui plaira le plus. Tout au long de ces années, j'ai appris à lire le visage de Laeticia comme un livre ouvert, je le connais bien, j'en sais les charmes, les artifices. C'est aussi pour cette raison que Sébastien a tenu à ce que je sois dans la boucle, il veut s'épargner d'inutiles agacements. Sur celle-ci, elle baisse trop la tête, elle ne s'aimera pas, celle-là, de trois quarts, me semble mieux. À la différence de toutes les autres photos déjà parues de Laeticia, la couverture du *Point* ne sera que très peu retouchée.

L'interview est un énorme succès de tirage. Les lecteurs se sont précipités pour dévorer « la confession » de cette fascinante héroïne à la croix en pendentif qui dit avoir épousé la « *tour Eiffel* » – grosse fatigue a posteriori, pour le cabinet d'Ardavan Amir-Aslani, cette mention qui échappera à sa relecture, dans la polémique sur la nationalité de Johnny…

Laeticia semble avoir retrouvé de la force, son sourire. Elle s'envole pour Saint-Barth, au-dessus des nuages. « La vérité » a été dite, les mots, mesurés, construits, sont les siens, ils vont contrecarrer le lynchage dont elle fait l'objet tous les jours. Elle dit même qu'elle attend David et Laura « *à bras ouverts* », qu'elle sera, un jour, « *prête à pardonner* ».

Je veux me raccrocher à cette pensée. Laeticia me trouble encore, quelque part. On l'accuse de mise en scène, de manipulation, mais au fond, son personnage est convaincu de ce qu'il dit. Le communiqué écrit par Nadège, la femme de Sébastien Farran, le soir de la mort de Johnny, je lui demanderais aujourd'hui si elle l'a écrit, elle me répondrait oui, de sa voix irrésistible. C'est aussi la complexité d'une individualité persuadée de son destin qu'elle écrit elle-même dans le ciel.

Le Point est sorti le 12 avril. Comme l'a dit Mimi, très en colère, dès lors, *Match* ne voudra plus d'interviews, « *ni maintenant ni jamais* ». « *Ils reprennent leur liberté d'expression !* » Une semaine plus tard, Laura fait la couverture de *Paris Match*. Je ne suis pas surprise. De Paris, je me dois d'avertir Laeticia. Comment va-t-elle réagir ? Mal, très mal. J'accuse le coup. Les journaux people ne la lâchent plus. Elle était partie chercher un peu de paix dans son paradis blanc, elle est dévastée de douleur et de chagrin. Elle m'envoie des photos de la tombe incendiée de bougies qui m'aveuglent, le matin dès le réveil. *Voici* et *Closer* la montrent en pleine lumière accroupie sur la tombe, en robe à fleurs, en train de pleurer. Laeticia Hallyday rend sensible son martyre, externalise sa souffrance et son deuil. Est-ce une obligation que tout ça « sorte » ? Ne peut-on, un jour, garder la mort pour soi ? Le déballage est devenu sordide.

Je transfère à Sébastien une photo de la tombe :

« *C'est moi ou c'est too much ?*

– *Un peu des deux.* »

Mathieu Laine a facturé sa communication de crise. Pour la suite, le camp de Laeticia a choisi de s'entourer d'une autre agence de communication, DGM, qui conseille de grands patrons tels Vincent Bolloré ou Bernard Arnault. L'anniversaire de Johnny va sans doute donner lieu à de grands sujets rétrospectifs à la télévision et dans la presse, il va falloir veiller au grain.

Une enquête de cinquante-deux minutes baptisée *« À la vie à la mort »* se prépare sur BFM. Sous couvert de proposer aux journalistes de leur rendre service en les aidant à trouver des interlocuteurs qui témoigneront, les hommes de DGM se mettent au travail. Mimi Marchand, très liée à une journaliste de la chaîne, les met en relation, les informations circulent. Dans le même temps, je suis contactée par une société de production qui prépare un autre documentaire pour C8. J'en fais mon affaire. Mimi a également de très bons rapports avec cette autre chaîne, elle saura m'aider !

Je fais donc moi aussi mon travail de communication : je soumets les gens qui pourraient parler, j'assiste à toutes les interviews, j'interdis les questions sur la nuit de la mort de Johnny, je tords jusqu'à l'os la journaliste, Mimi n'est jamais loin, en soutien. Et même si je n'ai pas réussi à avoir comme je l'aurais voulu une représentante de l'UNICEF, car l'UNICEF aurait refusé, mon « plateau » est fantastique : Anne Marcassus, Jean-François Piège, Yaël Abrot, Ezra Petronio, un photographe de mode qui passait beaucoup de temps à LA avec les Hallyday, Mathieu, le coiffeur de Laeticia, acceptent de témoigner. La société de production voudrait, en plus, une amie d'enfance. Laeticia me donne le numéro. Au montage, je suis encore là avec Mimi, je fais couper Mathieu quand il raconte, pince-sans-rire, qu'il se faisait engueuler pour un brushing, je rabote les réponses qui ne me plaisent pas et pour finir, je conteste le titre : « *Laeticia, sa vie sans Johnny* ». Trop racoleur. Mimi appelle la chaîne : « *Le titre, ce n'est pas possible.* » Ce sera « *Laeticia : la vraie histoire* ».

À l'époque, je savais pourquoi je faisais tout ça. Aujourd'hui, je ne suis pas fière de moi.

Laeticia revenue à LA, le manque de Johnny et le vide abyssal reviennent au grand galop. Elle vit au milieu d'une armée d'ombres, elle m'écrit longuement, comme à d'autres, son vertige, sa douleur. Jamais ni temps ni silence ni même place pour le deuil. Sur Internet, à la télévision, dans les journaux, il n'est pas un jour sans que ne se resserre autour de sa tête sa couronne d'épines. Laura remet un chèque de 90 000 euros, signé Marcel Campion, le roi des forains, au service d'oncologie qui a soigné Johnny ? Ire de Laeticia à l'encontre de Laura et de David Khayat qui l'a trahie et qu'elle accuse de ne plus donner signe de vie… Car Laeticia se claquemure, de plus en plus, prend en grippe tous ceux qui ne lui parlent pas ou moins, l'un de ses amis qui a peu donné de nouvelles se fait ainsi accuser de non-assistance à personne en danger, alors qu'elle est rouée de coups chaque jour. « *Tant d'embûches et de jalousie,* me dit-elle, *tant de haine et de saloperies, quand mon homme a travaillé toute sa vie pour lutter contre ses démons, en tentant d'œuvrer pour fabriquer et donner du rêve, se réinventer, écrire sa légende.* »

Comment aider Laeticia dont ce sont les mots, les pensées, si ce n'est en les partageant, totalement, absolument ? Comment aider cette femme qui chaque jour s'éloigne un peu plus ?

Je ne reconnais plus Laeticia. Je ne la reconnais plus parce que ce qui lui est arrivé est évidemment la pire chose de son existence. Elle s'attendait à des problèmes, oui, sans doute mais pas ceux-là, pas comme ça. Elle ne s'attendait pas à ce que Laura fasse une telle sortie, encore moins à un tel retournement de l'opinion. Que devenait sous la cruauté des projecteurs la jeune femme parfaite qui ne supportait pas d'être soupçonnée de quelconque malveillance, qui avait passé sa vie à tendre sa main à tout le monde, à travailler son image pour se faire aimer, accepter, faire oublier les humiliations, quitte à devenir radicalement autre, intouchable ? Que devenait sa propre histoire, celle sans Johnny ? Deux mois seulement après la mort de son mari, tout avait été soufflé, dynamité, tout ce qu'elle avait patiemment construit jusqu'alors avait comme fondu au soleil. Il n'y avait pas plus destructeur pour elle et je continuais, quelque part, à en ressentir une certaine empathie, pensant à ces mots lumineux qui ouvrent *Mémoire de fille*, le livre d'Annie Ernaux à la recherche d'elle-même : « *Il y a des êtres qui sont submergés par la réalité des autres, leur façon de parler, de croiser les jambes, d'allumer une cigarette. Englués dans la présence des autres. Un jour, plutôt une nuit, ils sont emportés dans le désir et la volonté d'un seul Autre. Ce qu'ils pensaient être s'évanouit. Ils se dissolvent et regardent leur reflet agir, obéir, emporté dans le cours inconnu des choses. Ils sont toujours en retard sur la volonté de l'Autre. Elle a toujours un temps d'avance. Ils ne la rattrapent jamais.* »

Au début du mois de juin 2018, j'embarque dans l'avion pour LA.

« *T'as un hologramme ou tu es à Los Angeles ?* » Au milieu de la foule de l'aéroport, je souris en regardant mon téléphone. Sacrée Mimi qui a toujours le don de me faire rire.

Mon arrivée sous les palmiers de Pacific Palisades s'annonce moins joyeuse. Les paparazzis rôdent plus que jamais autour de la maison. Et Laeticia a sa tête des mauvais jours.

« *Mais vous êtes nuls ! Je suis mal entourée !* »

Malheureusement, un documentaire diffusé sur W9 qui ne lui a pas plu a précédé ma venue. Il est plus proche de la partie adverse que de la sienne.

« *Nous aussi, on a fait la même chose, Laeti, on a monté des documentaires de toutes pièces, c'est la guerre, quoi…* »

Elle n'entend pas. À l'évidence, la Laeticia qui m'écrivait déjà des mots si virulents à l'encontre des « autres » est encore montée d'un cran. Je suis à court d'arguments. Elle monte s'enfermer dans sa chambre. J'appelle au secours mon contact de DGM.

« *Est-ce que quelqu'un pourrait lui parler au téléphone ? Est-ce que tu as les chiffres d'audience de W9 ?* »

Espérons qu'ils fassent moins de 100 000…

Sur mon téléphone, le chiffre tombe : « *W9, leader sur la TNT, 1 million.* »

Je m'étrangle.

« *Mais non, c'est l'audience cumulée ! Tu vois 1 million de personnes regarder W9 ? Autre chose, on est shootées sous toutes les coutures toutes les cinq minutes, tu sais si Mimi a vendu une grosse couv ?* »

Peine perdue. Laeticia ne décolère pas de la semaine. Elle est en pleine « affaire Dreyfus », comme le lui a soufflé Ardavan Amir-Aslani. Elle reste des heures dans sa chambre pour pleurer, j'attends des heures sur la terrasse, nous partons déjeuner chez Nobu, elle boude tout au long du trajet dans la Bentley et sourit au voiturier en arrivant – les paparazzis ne sont pas loin, évidemment. Mimi nous a pourtant mises en garde : « *Attention, si vous allez dans tel restaurant ou chez le coiffeur, c'est leur voiturier qui informe les pararazzis, donc si vous voulez être tranquilles, allez ailleurs…* » Nous y allons malgré tout. Et pour la première fois, j'ai envie de tout lâcher. Je ne sais plus ce que je fais là, qui je suis. Agent artistique de Laeticia Hallyday, communicante, attachée de presse, dame de compagnie, gouvernante, auxiliaire à domicile, spectatrice du roman-photo, rayer les mentions inutiles.

La fin de mon séjour approche. Je n'ai pas renoncé à faire sortir Laeticia pour qu'elle respire, un peu. Un soir, nous partons marcher dans le canyon sur les hauteurs de LA avec quelques-uns de ses amis. Le soleil se cache, la ville est dissimulée sous un voile de brume. Nous nous asseyons sur un banc pour la photo de groupe. Laeticia, en débardeur bleu, décoche un immense sourire. Puis elle me demande de la poster sur mon compte Instagram. Car si elle ne poste plus depuis la mort de Johnny, pour rester digne, c'est bien que ses amis le fassent pour elle. Vingt fois, elle vérifie la photo, je devrai même l'envoyer à Yaël Abrot – élue meilleure Instagrameuse du cercle – pour qu'elle nous souffle une légende. Et Mimi la balancera partout, dans *Gala*, *Voici* : Laeticia et ses amis font un *hike*.

Sur la photo, je ris, moi aussi, mais je n'y suis plus. Je n'ai plus rien à voir avec l'histoire et pourtant, j'y suis encore.

Pendant mon vol de retour à Paris, l'enquête sur BFM est diffusée. À l'arrivée, salve de messages sans équivoque de Laeticia. Des témoignages trop peu bienveillants, des mensonges nauséabonds… DGM n'avait pas pu voir le montage final. BFM est avant tout une chaîne d'information, les journalistes ont fait leur travail…

Le lendemain, le documentaire sur C8 sauvera ma journée. « *J'ai retrouvé ma vie,* me dit-elle, bouleversée, *celle que nous avons écrite tous les deux, d'amour et de bonheur, de passion, de tolérance, de compréhension, de respect de l'autre, d'admiration, d'écoute, de complicité.* » Elle ne doit plus se laisser polluer la vie par la médiocrité, il y a toujours un mal pour un bien : « *J'y travaille tous les jours, c'est souvent douloureux à en crever, mais un jour, on verra le bien et ceux qui ont trahi, quels qu'ils soient, mangeront la poussière et n'auront plus que leurs yeux pour pleurer.* » Depuis des mois, elle reste digne. *Love is all we need.*

Les chassés-croisés Paris-Los Angeles ne cessent plus. Je suis revenue, Sébastien est parti, lui, accompagné de Ségolène Dugué, pour une mission autrement plus sensible et confidentielle : parler à Laeticia de la négociation. L'inviter à négocier avec les aînés de Johnny.

Depuis le début, nous le lui glissons tous à tour de rôle. Laeticia, ce serait mieux pour ton image… Sans succès. Jusqu'au bout, elle respectera les volontés de son homme, répète-t-elle. Elle ne le trahira pas.

Ségolène revient à Paris sans avoir beaucoup avancé, apparemment, et ce 20 juin 2018, les plafonds du cabinet d'Ardavan Amir-Aslani ne m'ont jamais paru aussi hauts. Les hommes de DGM sont venus, ils ont pris place à côté de Ségolène Dugué dans la grande salle de réunion. Le cabinet nous a convoqués, Sébastien, eux et moi, dans le plus grand secret. Personne d'autre n'y est convié, Sébastien en a même barré l'accès à Mimi, qui en a été contrariée. Il semblerait qu'il y ait un démarrage dans la négociation, on veut nous en informer. Mais nous n'en savons pas beaucoup plus. « *Ça va être long, on vous tiendra au courant.* »

Quelqu'un dit que Laeticia n'avancera pas sans avoir la garantie d'excuses publiques et officielles. Autour de la table, tout le monde baisse le nez sur son téléphone. À ma connaissance, la réunion sera sans suite.

Les problèmes se suivent et s'accumulent. La société avec laquelle nous avons « collaboré » pour le documentaire diffusé sur C8 s'est mise en tête de faire la même chose sur Laura. Mimi démine l'entreprise à temps : « *On ne peut rien te refuser,*

Mimi », lui dit son contact. Mais depuis peu, des couvertures équivoques se succèdent dans la presse people, Laeticia avec Sébastien Farran, Laeticia avec Maxim Nucci au bord d'une piscine… Tout est faux, les intéressés en sont très affectés, mais les ventes s'en portent bien. Un jour, Mimi m'appelle : « *Il y a un gros problème, je vois passer des photos de Laeticia avec un mec dans la rue, je ne sais pas qui c'est.* » Panique à bord. Laeticia s'affole, moi aussi, je suis en boucle. « *Il faut les racheter* », nous dit Mimi. Je l'écoute, Mimi nous a déjà sauvés sur d'autres coups, du temps de Johnny. Il se dit aussi qu'elle a racheté des photos de Laeticia à l'anniversaire de Lenny Kravitz. Il faut toujours avoir Mimi à ses côtés. Cette fois, ce sera une jolie somme. Elle avance l'argent et je vois arriver les photos. L'homme en question est une simple connaissance de Laeticia à Los Angeles, ils sont dans la rue, elle monte dans sa voiture. Beaucoup de peur pour rien. J'ai mal au crâne.

Et ce soir-là, Ikel me demande l'ordre de mes priorités, dans la vie. Une photo volée de Laeticia Hallyday ou bien ma famille ? Je ne réponds pas, mais à ce moment précis me revient en mémoire la première fois que j'ai quitté mes bébés de quatre mois, en février 2017, pour m'envoler vers Los Angeles. Dans l'avion, comme toutes les mères qui viennent de s'arracher à leurs bambins à 6 heures du matin, j'avais voulu écrire un mot à mes jumeaux. Une note pour plus tard, pour qu'ils comprennent le sens de ce que je faisais... Moi qui d'ordinaire aime tellement écrire, cette fois-là, je n'avais pas trouvé les mots, aucun mot. C'est qu'il n'y en avait pas. C'est que je ne trouvais déjà plus de sens à ce que j'accomplissais. Je n'en ai rien dit à Ikel.

En ces derniers jours de juillet 2018, je suis en vacances en Corse, dans une maison perdue au milieu du maquis, quand je me retrouve à relire l'article qui va paraître dans *Paris Match* au début du mois d'août. « *Johnny, son dernier été* ». Je n'ai plus envie de voir personne, je me sens triste, vidée. Il y a longtemps que la vie sur papier glacé ne me fait plus rêver.

Cet article, c'est Mimi qui l'a voulu, elle y tenait. Laeticia l'a relu, elle aussi, et elle n'en est pas contente : ce qui est écrit sur Laura, David, Eddy Mitchell est mensonger. Mimi lui répond qu'elle n'a fait que les « *corrections jugées importantes* ». Soit on participe à ce papier et on dit ce qu'il en a vraiment été, lui dit-elle, soit on corrige les grosses erreurs et on laisse son déroulé qui est incomplet, elle peut le réécrire demain matin… et là, on rentre dans des règlements de comptes inutiles à ce stade. Mais si Laeticia le souhaite, elle réécrit au plus près de la vérité.

Elle l'a tellement bien fait que Laeticia est enchantée de ce message si positif où il n'est question que de son homme, de sa force incroyable et de son courage. On parle enfin d'AMOUR, de vérité et de résilience.

– 20 –

Lady Laeticia

Impossible datation du rêve. J'entends des talons descendre le grand escalier, une longue robe gipsy effleurer les marches, sa voix enfantine, addictive, appeler « Cheyenne, Cheyenne, mon amour », cette femme se filme en train de se faire lécher le visage par Cheyenne, elle en rit d'un rire de gorge, amoureux, qui n'en finit plus, je voudrais la retenir, elle passe, orgueilleuse, pressée, elle s'est déjà faufilée dehors, sans attendre ceux qui suivent, elle a rendez-vous avec les photographes.

J'ai souvent rêvé de Laeticia ou cru que j'étais dans un rêve, irréductible aux explications, seulement propice à une forme de fascination. Avant qu'il ne se brise.

Nous sommes en septembre 2018, c'est mon dernier voyage à Los Angeles. Le 19 octobre, Johnny sortira son dernier album, Laeticia viendra à Paris poursuivre sa reconquête de l'opinion. Son premier grand retour en France depuis les derniers instants de Johnny, depuis le cortège sur les Champs-Élysées. Il faut donc le préparer, avec précaution, et notamment sa première interview télévisée durant le JT de TF1.

La femme rêvée, la femme blessée a achevé sa mue. Laeticia Hallyday ne vit désormais plus que derrière un écran, ses lunettes Aviator qu'elle n'a jamais quittées, ni dehors ni dedans, l'écran de son téléphone sur lequel elle cherche en continu #lhallyday pour voir ce qui se dit d'elle sur la Toile, l'écran du JT qui la projettera en direct dans des millions de foyers, l'écran des objectifs qui se dardent sur elle dès que nous allons faire une promenade à vélo avec les filles à Santa Monica, dans les allées en plein soleil qui mènent à Venice Beach. Ils sont plusieurs, l'un, à vélo lui aussi, pédale plus vite pour nous dépasser et nous shooter de face. Nous nous arrêtons face à la mer, j'ai le sentiment d'être sur le tapis rouge de Cannes. Laeticia nous fait réunir pour prendre à son tour une photo de groupe. Elle me l'enverra peu après, retravaillée, filtrée, validée, pour que je la poste sur Instagram.

À la fin du séjour, Sébastien vient nous retrouver là-bas. Les bikers, les copains, Philippe Fatien, Pierre Billon, Fabrice Le Ruyet, le mari d'Anne Marcassus, ont décidé de refaire un bout du road trip entre eux, à moto, pour aller poser une plaque commémorative sur la porte d'une chambre d'hôtel à Mexican Hat, dans l'Utah. En souvenir de celui qui leur chante *Je te promets,* là, dans un téléphone, de sa voix qui soulève même le sable de ce désert aux doigts de pierre pointés vers le ciel. Des Harley, des bandanas, un décor de western. Laeticia a tenu à y aller, elle aussi. Et Dimitri Coste les suit pour faire les photos qui paraîtront dans un *Paris Match* à venir. Laeticia agenouillée devant les bougies, en jupe longue, se recueillant devant la plaque, Laeticia se tenant un peu en retrait derrière les bikers, très émue. Les photos, ocre, parlent de flamme éveillée, de liberté, de rêve américain.

La couverture de ce fameux *Match* qui parlera de celles qui restent et gardent le « temple », c'est moi qui la penserai. J'enverrai en ces termes mes recommandations à Dimitri qui fera le shooting juste après mon départ : « *Une photo de famille, elle, les filles et Cheyenne sur les marches de la maison, comme elle aurait pu le faire avec Johnny, cheveux lâchés, chemise cool, jean flare, la photo de leur vie ici, sobre, toutes les trois regardent droit dans les yeux le photographe, une manière de dire que, maintenant, c'est leur histoire à elles, elle livre la dernière œuvre de son mari et elles ouvrent une nouvelle page de leur vie.* » Dimitri fera un magnifique travail. Et la photo de la couverture sera pour finir effectivement celle-là.

Mimi voudrait que ce *Match*-là paraisse durant la semaine du JT. Inimaginable, les caméras de

TF1 ne peuvent être que les seules à décrocher l'exclusivité. Le plan de communication de la quinzaine parisienne qui s'annonce est très cadré. Le 19 octobre, Laeticia ira d'abord à 13 heures à RTL répondre aux questions de Marc-Olivier Fogiel pour être diffusée le lendemain matin, puis elle se rendra à Boulogne pour enregistrer l'interview qui sera retransmise le soir même sur la première chaîne de France. TF1, RTL, les deux partenaires historiques de Johnny.

« *Laeticia souhaitera évidemment le parvis* », me confirme Sébastien. Le parvis de TF1, s'entend, et non le parking pour éviter les photographes comme le lui proposait la chaîne, croyant bien faire. Le message est clair. Laeticia ne vient pas en France pour se cacher.

Au départ de Los Angeles, *Closer* l'a shootée à l'aéroport « resplendissante », tenant ses filles par la main, arborant un T-shirt à l'effigie de Johnny dans ses jeunes années. À l'arrivée ce 7 octobre, la sécurité de Roissy, craignant l'émeute, l'a fait passer par la porte empruntée par les présidents, Jay-Z et Beyoncé, mais à la sortie, tous les paparazzis de France attendaient « *Miss America festival de Cannes* », comme l'a surnommée l'une de ses bonnes amies, pour l'escorter jusqu'au portail de Marnes-la-Coquette, où je l'ai retrouvée. Pour commencer à travailler.

Depuis plus de deux mois, ce dress code pour son interview télévisée m'angoisse. Comment faire ? Inenvisageable d'amener Laeticia faire les boutiques avenue Montaigne pendant son séjour parisien, pas plus que de payer les services d'une styliste hors de prix. En accord avec elle, j'ai donc décidé de faire appel à son amie Liliane Joshua, la fondatrice de Montaigne Market. Je lui ai demandé de procéder à une sélection de vêtements et de les livrer à Marnes pour que Laeticia les essaie à l'abri des flashs. Et j'ai été claire : « *Laeticia doit aller sur le plateau comme on l'a toujours vue, en chemise, jeans et veste.* » Sobre.

Manifestement, Laeticia les a essayés dès son arrivée : « *Ça ne va pas du tout, c'est vraiment sans aucun goût !* »

Son visage s'est durci, elle est très tendue, elle a un « *genou à terre* », « *le cœur en mille morceaux* » et moi aussi, je ne tiens plus que sur un fil. Une chemise va-t-elle me faire exploser ? À tout moment désormais, j'ai peur de partir dans le décor, de démissionner. Laurence a rattrapé la main de Lolotte et elle l'engueule en permanence. À Sébastien, qui me demande tous les jours comment ça va, je réponds : « *Je suis déjà au bord.* »

« *Madame m'a dit d'aller les prévenir de mettre de l'essence.* »

Debout dans la cuisine, je regarde Carl avec l'air de ne pas comprendre.

« *Je les ai prévenus !* »

Les, ce sont les paparazzis qui campent au bas du parc privé de Marnes. Ce matin, en arrivant très tôt, je les ai vus de la moto taxi, ils m'ont même fait coucou sous leur casque.

Mettre de l'essence pour quoi ? Parce que nous n'allons pas dans Paris, aujourd'hui, nous allons faire de la route. Nous partons pour Orléans où nous attend Barbara Tisseron, la pédiatre qui a mis en place la salle d'audition du CHR d'Orléans.

Cette première semaine, j'ai décidé de la consacrer à ça ; avant le battage médiatique sur « l'affaire », j'ai voulu aider Laeticia à relancer son programme humanitaire. C'est bien pour elle et toutes les actions de La Bonne Étoile ne peuvent pas s'arrêter là, d'autant que le projet de Fondation Laeticia Hallyday qu'elle voulait mettre en marche a été reporté sine die. Nous avions commencé à en parler avant la mort de Johnny, nous avions même pris rendez-vous avec la Fondation de France, mais le scandale a tout gelé… Depuis des mois, j'ai ainsi noué des liens avec une nouvelle très belle association, Le Rire médecin, des clowns pour faire rire les enfants hospitalisés que Barbara Tisseron utilisait notamment à titre bénévole dans le cadre de son unité. Les enfants abusés et maltraités y sont désormais entendus dans un contexte plus rassurant qu'à la gendarmerie, mais le moment reste traumatisant, alors les clowns viennent jouer avec eux dans la salle d'attente, avant qu'ils n'aillent témoigner derrière la glace sans tain. Parfois, entre deux rires, il arrive même qu'ils confient au clown des horreurs qu'ils confirmeront ensuite. Alors Barbara Tisseron a voulu pouvoir recourir de manière pérenne au Rire médecin. Il a fallu le financer et Laeticia a accepté, avec joie. Notre aller-retour à Orléans est donc destiné à lui montrer la concrétisation de ce travail.

Nous mettrons deux heures et demie pour rallier Orléans. Le temps prévu par le code de la route. En temps normal, Carl conduit comme un pilote de formule 1. Cette fois, il a fallu attendre les paparazzis.

Sur la route, Barbara Tisseron m'appelle. La presse locale est déjà sur place, le directeur du CHR ne voit pas l'émeute d'un très bon œil… Quand j'avais contacté la pédiatre pour témoigner dans le documentaire sur C8, il n'avait déjà pas voulu qu'elle le fasse au sein de l'hôpital.

« *La meilleure solution,* me dit-elle, *est que vous preniez à gauche en arrivant, par les urgences, comme ça ils ne pourront pas vous suivre.*

– *D'accord.* »

Je raccroche et en parle à Laeticia, qui s'inquiète :

« *Mais après les gens vont dire que je suis malade, que je viens me faire hospitaliser !*

– *Mais non…* »

Laeticia refuse. Je renvoie un mot à Barbara Tisseron :

« *On passe par-devant…* »

Le médecin me presse de messages. Je ne vais plus lui répondre du trajet. Je lui répondrai quand nous serons sur le perron de l'hôpital. Les voitures garées en épi, les grosses motos des paparazzis à côté et les flashs. « *Laeticia ! Vous pouvez nous regarder ?! Un sourire, s'il vous plaît !* »

Laeticia sort de sa Mercedes, lunettes miroir, cheveux lâchés, robe à fleurs et semelles compensées, tenue de déjeuner de plage au Nikki Beach à Saint-Barth. Nous nous engouffrons dans l'hôpital où les lumières cessent enfin de crépiter. Et Barbara nous annonce que nous allons pouvoir assister à une audition, derrière la glace sans tain.

Dans la pièce, une table en plastique transparent, deux chaises. Et des jouets, des personnages, une maison avec un papy, une mamie, un papa, une maman, des frères et des sœurs.

Un petit garçon de quatre ans entre, menue silhouette encadrée de deux grandes, une personne de l'ASE[1] et un gendarme. Placé en famille d'accueil, l'enfant se dit victime d'attouchements sordides.

Le gamin s'assoit sur la chaise, face au gendarme qui jette un œil à travers la table. Les petites mains se sont repliées sur les genoux. Mais les clowns arrivent et il leur sourit. Il n'a aucune conscience de notre présence. Derrière la vitre, nous nous arrêtons de respirer, à côté de la psychiatre.

1. ASE : Aide sociale à l'enfance.

Le gendarme entame son interrogatoire, sort de temps en temps de la pièce pour entrer dans le bureau où nous sommes et échanger avec la psychiatre, le travail de collaboration est tangible. Le gosse tourne autour des questions, mais il ne dit rien.

Barbara Tisseron éteint l'écran. Laeticia vacille, atterrée, comme moi. Nous n'en saurons pas plus, cette fois. La médecin nous confie son angoisse de laisser repartir l'enfant dans l'environnement qui lui a fait du mal, faute d'aveux ou de preuves, et de le récupérer plus tard à la morgue, comme cela lui est déjà arrivé. Cette femme a vu de tout, des enfants balancés dans des machines à laver sous le regard de leur sœur, des parents jouer au foot avec leur bébé en guise de ballon. Le nez dans mes chaussures, je m'angoisse de la barbarie de ce monde. À la sortie, Laeticia fait des photos avec les clowns, avec le gendarme. Et nous reprenons la voiture pour Paris, avec notre cortège de paparazzis.

Durant la semaine, nous ferons beaucoup d'autres rendez-vous pour La Bonne Étoile, avec Le Rire médecin, avec Martine Brousse. C'est trop pour Laeticia, je le sens bien. Tout se mélange, sans doute, l'émotion du retour, évidemment très vive, la fatigue, la surexposition, la peur des jours médiatiques à venir, TF1, RTL, ce qu'il faudra dire, ne pas dire. J'apprends aussi que *M*, le magazine du *Monde*, prépare un article sur les copines de Laeticia. Même le journal d'Hubert Beuve-Méry se penche sur le fait de société… L'une des amies de Laeticia, qui ne doute jamais de rien – et n'hésite pas à jouer à l'attachée de presse –, m'assène : « *On a la main, on va pouvoir relire.* » Et surligner les corrections en bleu ? Je n'aurai même pas la date de sortie… Décidément, le monde est séparé entre les bons et les méchants.

Heureusement, ce soir se profile un moment de détente. Nous allons dîner dans le parc de Montretout, à Saint-Cloud. Mimi me fait rire : « *Ce n'est peut-être pas une bonne idée, tout le monde va croire que vous allez chez Le Pen.* » Philippe Fatien, l'ancien patron du Queen, le copain biker, habite non loin et il a organisé un cocktail pour montrer pour la première fois aux proches le clip du road trip dans sa salle de projection. D'emblée, Rose-Hélène Chassagne, la directrice de Warner, nous fait une annonce : « *Je vous demande de ne prendre aucune photo.* » Elle voudrait conserver l'exclusivité et la surprise de la sortie pour le 19 octobre. Dans le noir, le silence se fait. Johnny est là, il est revenu parmi nous. Nous partons dans le désert. Moment suspendu. Moment de grâce. Tout semble redevenu comme avant. Je sens le frêle corps de Laeticia ployer dans son fauteuil.

Mais le grand jour sur TF1 approche. Et Sébastien s'inquiète : « *Tu en es où avec le stylisme ?* »

L'histoire s'est réglée avec Liliane Joshua. Mais je suis tracassée par la coiffure. Depuis la nuit des temps, nous savons tous que le corps, le style sont une affaire de politique. Or au fil des mois, les extensions de Laeticia n'ont cessé de s'allonger et son blond est devenu encore plus californien. Beaucoup lui disent d'aller à la télévision les cheveux lâchés, mais je m'arc-boute. Nous voudrions faire passer le message de « Laeticia, la femme meurtrie qui n'arrive pas à faire son deuil » et sur un plateau de télévision éclairé comme un soleil, elle irait cheveux au vent ?

Je suis prête à tout.

Laeticia, tu as vu le film sur Jackie Kennedy se faisant interviewer par un journaliste, tirée à quatre épingles pour réécrire l'histoire ?

Jackie, symbole d'une femme fascinante dans sa volonté d'exister en tant que telle, de reprendre le contrôle de son destin.

Le parallèle s'arrête là.

Le jour est arrivé. Laeticia est tétanisée. L'exercice est difficile. Marc-Olivier Fogiel, Laeticia le connaît très bien, il vient souvent sur l'île de Saint-Barth, mais je l'ai prévenue, c'est un grand intervieweur et s'il faut poser des questions, il le fera.

Dans la cabine d'enregistrement de RTL, Marc-Olivier Fogiel ne quitte pas Laeticia des yeux. Elle cherche ses mots, ils se précipitent, trébuchent, s'emmêlent. Et finalement se fondent dans le silence. « *Je ne me sens pas bien, je ne peux plus respirer, j'étouffe…* » Assis autour d'une table dans la salle attenante, nous ouvrons tous nos yeux en grand, Sébastien, Pierre Rambaldi, le mari de Marie Poniatowski qui murmure de plus en plus à l'oreille de Laeticia, Mimi, Ségolène, la maison de disques et moi. Avant de commencer, Pierre a remis à Laeticia des feuilles intitulées « punchlines » et « mots-clés » : « *Ma porte est toujours ouverte* », « *On me vole mon deuil* », « *Je suis anéantie par tant de haine* », « *C'est vertigineux* »... Laeticia y plonge ses yeux. Marc-Olivier Fogiel attend, inquiet, suspendu à ses lèvres. Jusqu'ici, toute la partie de l'interview sur la mort de Johnny, l'approche de la fin, tout était fluide. C'est au moment où il a fallu en venir à « l'affaire », à cette partie encore plus émotionnelle, que le temps s'est allongé, que le corps a buté.

À l'instar des jeunes et de la culture d'aujourd'hui, Laeticia aime récupérer et copier-coller les phrases des uns et des autres, elle en fait ses éléments de langage, son discours intérieur, ses boucliers d'amour, ses pare-feu contre les agressions du monde ; quand il s'agit d'argumenter, elle éprouve de la difficulté. On le ferait à moins dans pareil contexte. Derrière la vitre, je crois voir un personnage qui se décompose en direct, qui tout à coup ne maîtrise plus rien, ni elle-même ni son monde. Mimi trépigne : « *Mais il faut arrêter !* » L'enregistrement était diffusé dans toute la radio, dans le hall de RTL. Quelqu'un vient de couper le son.

Nous avons dû refaire la prise je ne sais combien de fois. Dans mon souvenir, l'enregistrement a duré quatre heures, mais sur les ondes, personne n'entendra les coupures.

Nous sommes très en retard. Nous devons être à 19 heures à TF1, à Boulogne, pour enregistrer l'interview qui sera diffusée le soir même au JT. Plus une minute à perdre.

La Mercedes se gare sur le parvis. Les photographes l'attendent au bas de la tour, les flashs nous aveuglent, c'est TF1, c'est Hallyday, c'est Laeticia, c'est la sortie de l'album, c'est un pays tout entier fasciné par la tragédie.

Laeticia fait une entrée de star en costume noir, chemise verte et chaussures sur plateforme avec des talons. Je suis Sébastien, je reste dans son ombre, je me sens au bout de tout.

Anne-Claire Coudray, qui va présenter le JT, vient nous saluer dans la loge. Concentrée, précise, rapide, elle dit à Laeticia que tout va bien se passer et descend l'attendre sur le plateau pendant qu'une maquilleuse fait les dernières retouches. Et là, tout à coup, je me sors complètement de mon regard en dedans, j'observe la scène comme je l'observerai, tout à l'heure, du balcon donnant sur le plateau en contrebas.

Et elle me saute à la figure.

Laeticia n'a encore jamais été sur ce fauteuil, elle n'a jamais fait de JT pour parler d'elle, elle y a toujours accompagné Johnny. Cette fois, c'est elle que l'on veut, elle dont on attend la parole.

Et cette fois, nous n'avons pas eu les questions. Une semaine auparavant, Anne-Claire Coudray était passée dans les bureaux de Sébastien pour échanger avec Laeticia, la rassurer, évoquer les sujets qu'elle souhaitait aborder, mais elle ne lui a pas donné les questions. Certaines seront coupées au montage. Parce qu'elles n'ont pas été comprises ou que la réponse n'existait pas. La télévision. Mais rien ne sera caché.

Dans la loge, en sortant de l'interview, Laeticia a le sourire. Pierre Rambaldi vient la voir, les mains levées : « *Bravo, ma Laeti d'amour, on a bien bossé, l'interview est forte, tu as fait ce qu'il y avait à faire, c'est bien !* » Amen. La maison de disques, Mimi Marchand, DGM, tout le monde est là autour d'elle. Les mots me parviennent comme de la neige tombant en poussière sur un sol d'hiver, je n'ai plus d'énergie, plus de croyance, dans la voiture qui nous ramène à Marnes-la-Coquette, j'ai arrêté de penser.

Là-bas, nous montons dans la chambre, Laeticia allume la télévision. BFM est sur le sujet, TF1 déroule son JT, Laeticia arrivera à la fin. Tendue, elle me dit qu'elle ne peut pas se voir, m'envoie en bas la regarder dans le salon. Les filles sont là, elles aussi.

Voilà, c'est fini. Laeticia Hallyday a livré sa vérité. L'interview est mieux que dans mon imagination et nous sommes attendues à la Jòia, le restaurant d'Hélène Darroze, pour fêter ça, le lancement de l'album la veille à minuit, les ventes, extraordinaires, déjà. Nous serons en retard. Le téléphone n'arrête pas de sonner. Ségolène Dugué vient de l'appeler : « *Laeticia, c'était merveilleux, vous avez été fantastique, parfaite, brillante. Ma mère vous a trouvée géniale.* »

– 21 –

Le choc des mots

Le JT derrière nous, il va maintenant falloir passer à la dernière étape de la reconquête médiatique : *Paris Match*.

Dimitri Coste a déjà fait les photos à ma demande quelques jours avant le départ de Laeticia pour la France, reste à faire l'interview. Olivier Royant, le directeur de la rédaction, doit venir à Marnes dans cette perspective. Je ne suis plus inquiète. À ce stade, j'aborde les choses sans peur ni exaltation, simplement dans la perspective d'aller au bout, tel l'alpiniste qui, déjà arrivé en haut de la vallée Blanche, s'apprête à gravir l'aiguille du Midi à la seule force des crampons et de la technique. Voilà en plus des mois que Mimi Marchand l'a promise au journal, cette couverture, depuis l'affront du *Point*, alors elle saura m'aider.

Olivier Royant et Laeticia s'installent dans le bureau de Johnny, où rien n'a bougé, ses guitares, ses photos, ses lunettes. Laeticia a le regard brouillé, mais avec le patron de *Match*, un homme intelligent, aimable, elle se sent en confiance et le JT l'a remise en selle. Les questions s'enchaînent, sans surprise. Laeticia explique qu'elle continue à lutter pour ne pas sombrer, veut « *remettre l'église au milieu du village* », revient sur la rencontre de « *deux âmes cabossées par la vie* », raconte qu'elle a « *beaucoup pardonné pour essayer d'élever* [sa] *conscience par rapport aux traumatismes de* [son] *enfance* », Olivier Royant la relance sur la maladie… J'ai un voile sur les yeux, je dois me prendre un café, je me déplace vers la cuisine où Sébastien déballe des gâteaux de la Pâtisserie des Rêves, excellente idée. Et tout à coup, j'entends Olivier Royant : « *Les photos, qu'est-ce qu'on a ?* » Aussitôt, Mimi dégaine un dossier de feuilles A4 avec les tirages des photos prises à Los Angeles par Dimitri Coste. Elles sont à l'état brut, simple, Laeticia et ses filles posent avec Cheyenne sur les marches de la maison sans maquillage ni coiffure, nous misons sur le naturel et la retouche. L'objet de cette couverture est de mettre en scène Laeticia et ses filles qui se tournent à présent vers l'avenir, pas question qu'elle soit overdressed ou trop maquillée.

Certaines photos ne me vont pas, par habitude, je sais que Laeticia n'aime pas certains profils ou se trouve trop maigre, je les retire de la table. Laeticia, qui les découvre, s'enthousiasme, au contraire :

« *Oh elle est géniale cette photo, je ne l'avais jamais vue, non, remets-la dans la sélection !* »

L'euphorie de l'après-JT ne trompe pas. Nous savons tous qu'elle ne dure jamais longtemps.

L'interview reprend, Laeticia se renfonce dans ses souvenirs, cherche parfois ses mots, Olivier Royant lui dit que les Français n'ont pas compris le choix de Johnny de déshériter ses enfants… Je n'écoute plus. Je refais le tri des photos, dans mon coin, il faut les numéroter pour Dimitri qui devra retoucher les bras, les mains, les yeux, plus verts, comme elle le veut toujours.

Le lendemain, à la veille du départ de Laeticia, nous sommes tous invités à un brunch à Marnes. Elle a insisté pour que je vienne avec mes enfants, Ikel n'a pas compris que j'accepte, lui qui a encore une notion de la frontière censée exister entre le travail et tout le reste.

Quand j'arrive, une vingtaine de personnes sont déjà là et attendent sur la terrasse. Laeticia est dans sa chambre, elle descendra au bout d'une heure et demie. Et tout à coup, je vois arriver Dimitri avec un sac à dos.

« *Tu t'installes ici ?*

– Non, j'ai pris mon ordinateur pour les retouches. »

Un vent de panique s'empare de moi :

« *Mais tu comptes les faire quand ?*

– Là, je vais me mettre dans un coin.

– Tu as conscience que tout le monde va regarder ? »

Je pressens le pire. On me le racontera, parce que ce jour-là, je vais m'échapper avant la fin.

En somme, Dimitri a ouvert ses photos non retouchées, *a priori*, tout le monde s'est mis autour de la table et Laeticia est entrée en transe : elle n'avait jamais vu ces photos, je l'avais trahie, Dimitri était nul... Elle a littéralement dégoupillé.

Une amie de Laeticia et témoin de la scène me dira son effarement devant son visage, un masque de haine, une « *mise à mort* ». Pour des photos non retouchées.

Je l'avais déjà vue faire pour d'autres. Cette fois, c'était mon tour.

Laeticia s'est envolée. Alors qu'elle est en escale à Saint-Martin avant de retourner à Saint-Barth, les ultimes échanges sur la couverture et le choix des photos se poursuivent malgré le décalage horaire et n'en finissent plus. Laeticia est angoissée. Au point que l'un de ses proches amis s'en mêle et lui écrit, pour clore le débat : « *Le plus important pour les photos de* Paris Match*, c'est la trace qu'elles laisseront dans l'inconscient collectif. L'esthétique et la subjectivité doivent rester secondaires. La couverture est forte. Elle raconte l'unité de ta famille dans l'adversité avec une image positive de l'amour partagé entre vous. Le fond restant flou (plutôt que de voir la piscine) lui donne une symbolique universelle.* »

Quant à remettre la piscine, « *ce serait redondant tout en renvoyant l'image d'une femme et de ses filles vivant dans une villa de rêve. Cela crée de la distance avec la réalité de la très grande majorité des Français. En revanche, la double page dans le bureau est à la fois magnifique, intime et fait valoir que c'est toi la gardienne du temple en réponse à ce que la partie adverse essaie de se réapproprier. C'est toi qui portes la mémoire de ton homme dans ce lieu chargé d'histoire. C'est solennel, mais ça a beaucoup de sens dans ton combat.* »

C'est bien dit.

– 22 –

Le bûcher des vanités

J'étouffe, je suffoque sous ces mots inertes, ces mots qui se regardent écrire, ces phrases machinales qui s'additionnent et se dupliquent sans colonne vertébrale. Résilience, blessures, traumatisme, survie, pardon, dignité, noblesse du cœur. De quoi parle-t-on ? De qui parle-t-elle ? Quel est le sujet ? L'intrigue, le personnage principal ? J'ai perdu le fil. En cette fin d'année 2018, je n'y crois plus, je ne suis plus étanche. Je ne suis plus bonne pour sa communication. Je ne pense plus qu'à une chose, partir.

C'est à ce moment-là que je reçois un mail m'invitant, avec d'autres, à aller commémorer le premier anniversaire de la mort de Johnny à Saint-Barth, le 5 décembre. Tout près de refuser, j'appelle Sébastien : « *Tu ne peux pas briller par ton absence. Prends tes billets.* »

J'irai à Saint-Barth une dernière fois et je vivrai le séjour à vingt mille lieues sous la mer. Tous les jours, j'irai sur la tombe à 19 heures avec Laeticia, ses filles et la bande d'amis, je resterai une heure agenouillée sous les flashs pendant que Laeticia, habillée de blanc, passera une playlist des chansons d'amour de Johnny et pleurera le temps du concert virtuel, la tête penchée, les prunelles éclairées de mille bougies en forme de grand cœur. Je la regarderai placer son monde le soir à table au dîner comme à la cour d'une reine, j'en verrai certains se dépêcher dans le sable pour être tout près d'elle, se battre pour recueillir une poussière d'étoile et je me verrai crucifiée au Nikki Beach, le summum de la plage bling-bling avec de la dance à fond les tympans dès le matin où même la bouteille d'eau arrive avec des serpentins de lumière façon Moet et Chandon. Mon crime ? Avoir osé redemander un café au serveur, qui traînait un peu. Je revois ses cris, la rage au fond de ses yeux.

Je suis paralysée. Elle sait que je ne suis plus partie prenante, j'ai osé tiquer sur le cliché d'elle pris dans le bureau de Johnny, dans *Paris Match*, j'ai renvoyé son amie à la voiture 7 du cortège, j'ai ri à l'article sarcastique paru dans le magazine du *Monde*, je ne pense plus droit, je ne souris plus comme sur les photos. J'aurais peut-être dû aller « rebooster mes énergies », moi aussi, aux séances d'aquabiking organisées à la Villa Jade comme nous y conviait gaiement le GO de la bande qui avait créé le groupe Whatsapp baptisé « *One Love Johnny 2018* ».

Il en existait un autre en 2017, « *Love is all we need* » mais entre-temps, certains avaient été virés du groupe, touchés par la disgrâce, la réversibilité de l'humiliation.

Quand je l'ai embrassée, sur le départ, nous étions deux bouts de bois. Et le lendemain de mon retour, usée, atomisée, éteinte, à bout, et au bout, j'ai dit que j'arrêtais, tout. Il fallait que je sorte de là. Tout de suite.

Je n'ai plus jamais eu de contact avec Laeticia et j'ai repris ma vie là où je l'avais laissée, un conflit à régler avec elle en plus, étant donné qu'on ne débarque pas d'un tel navire aussi facilement.

En être ou ne pas en être ? Je ne me posais simplement plus la question.

Je m'en posais d'autres. Les écrans, les téléphones déversent sans relâche la surface de nos existences, au point de laisser penser que certains passent leur vie au restaurant ou sur la plage. Sommes-nous FORCÉS d'étaler sur les réseaux sociaux nos vies, nos tombeaux, la couleur de notre cocktail, notre nouveau maillot de bain Eres ? Quels sont l'utilité et le sens de cette exhibition qui nous rend si présents dans l'existence des autres et à laquelle j'ai collaboré ? On poste, on soupèse la force du nombre, on se croit prescripteur, on ne l'est de rien sinon du vide. Que reste-t-il de vrai quand la porte se referme et le rideau tombe ? Laeticia ne nous parle pas seulement d'elle, mais aussi de nous.

J'ai adoré mon métier, j'aime les concerts, la musique, les artistes, leur lumière, la puissance de la scène, la chaleur, le show, l'émotion des bords de piste, les backstages, les fous rires quand rien ne va plus, le stress, la fatigue, les dîners trop arrosés, j'y ai rencontré des gens merveilleux. On est les maîtres du monde quand on participe à un barnum d'une telle envergure, c'est fabuleux d'en être. Johnny est un monstre sacré, le maître absolu et j'ai été tellement fière de vivre ce rêve-là.

Mais je me suis trompée, aussi. Pourquoi suis-je restée aussi longtemps ? J'ai cru qu'aux côtés de l'ombre de Johnny, j'allais pouvoir continuer à entretenir la flamme, j'ai cru aussi que j'allais pouvoir aider La Bonne Étoile, me mettre au service d'une cause, fût-elle nourrie d'image. Moi qui doute toujours tellement de moi, moi qui vis dans l'incertitude depuis la mort de mon père, je me suis laissé séduire par ce qui brille, par l'aplomb avec lequel Laeticia traçait sa route, par le tournis d'un cirque qui prive de pensée et de sens critique à force de faire du dérisoire l'urgence de l'instant, de l'adrénaline un ersatz de vie et du sentiment que tout est possible une impression de toute-puissance et de pouvoir, disons-le. Tout un monde pour un maquillage à trouver dans l'heure ou une photo mal retouchée… Le tableau était trop parfait. Je ne m'y reconnaissais plus mais j'ai continué à en gommer la sueur, les rides, les larmes, le vrai, le mystère. Je ne pourrais pas dire que je n'ai pas pleinement participé au jeu, non, j'y étais. C'est quand j'en suis brutalement sortie que j'ai réalisé que moi aussi, j'avais contribué à produire du fake, de jolies photos qui font vendre tant de papier, une icône d'aujourd'hui.

Un jour, dans un essai intitulé *Vulgarité et modernité*, j'ai lu ces lignes de Bertrand Buffon : « *La vulgarité tient essentiellement, non à la grossièreté ou l'immortalité en soi des comportements, propos ou idées, mais à la prétention de ces affirmations de soi. En cela, le défaut est moderne.* »

– 23 –

Fin

Laeticia et Johnny. Johnny et Laeticia. Un jour, en interview, il a dit qu'elle était un morceau de lui, durant vingt-trois ans, elle n'a cessé de lui clamer son amour et de le mettre en scène. L'histoire devait-elle s'arrêter avec la disparition de l'idole ? Évidemment que non. Seules les légendes ne meurent jamais.

Dans son dernier album, Johnny a chanté un sublime *Pardonne-moi*. Ces mots, Laeticia les a lus pour elle, elle y a vu « *la plus belle déclaration d'amour* ». J'ai vu le clip en novembre 2018, avant de partir pour la dernière fois à Saint-Barth. Dimitri Coste était pressenti pour le réaliser, mais a priori la crise du brunch et des photos non retouchées avait aussi eu raison de lui. On y voit une jeune femme blonde de dos aux cheveux attachés haut et un loup blanc. « *Il faut une fille qui me ressemble* », avait dit Laeticia. C'était réussi.

À la fin de l'histoire, la jeune fille timide s'est affranchie, elle s'est émancipée du prince charmant, mais son histoire est indissociablement liée à la sienne. Et elle doit continuer de s'écrire en ce sens. Alors après la guerre, vient la paix, lit-on aujourd'hui, à l'heure où j'écris ces lignes… Laeticia tendrait la main à David et Laura, les aînés de Johnny. Et demain sera encore un autre jour.

Que recèle la part non racontée de Laeticia Hallyday ? Ai-je percé son mystère ? Difficile à dire. Elle n'est pas la ravissante idiote que l'on a cru, elle n'est pas une comme elle prétend l'être mais plurielle. De Johnny, on a souvent dit qu'il était à la fois ange et démon, extrême dans les deux. On pourrait dire la même chose de Laeticia, sous la surface. Elle l'a tellement aimé qu'elle se prenait pour Lui.

Un jour, alors que nous étions dans la cuisine à Los Angeles, que la télévision derrière, allumée en permanence, crachait ses titres sur l'affaire de la succession et qu'elle ne desserrait pas les lèvres, en colère derrière ses lunettes noires, j'ai murmuré : « *C'est dur, je ne sais pas comment tu fais, je t'admire.* » Comment en effet résister à pareil typhon ? Comment ne pas ployer, même ?

Comme elle ne me répondait pas, j'ai essayé de lancer des filets, d'ouvrir d'autres fenêtres :

« *Tout ce qui t'arrive, ce sera peut-être une occasion de te recentrer. Sois toi-même, montre qui tu es, c'est l'occasion ultime de tracer ton chemin, de t'envoler vers d'autres choses, d'aller voir d'autres gens qui seront sincères, engagés, car il faut que tu saches qui tu as en face de toi.* » J'y croyais encore, à ce moment-là. Elle a relevé la tête et en me regardant droit dans les yeux, derrière ses lunettes, elle m'a dit : « *Depuis le temps, si je devais ne plus parler à tous les gens qui pensent du mal ou disent du mal de moi, alors il n'y aurait plus personne.* »

Dans les trois dernières années où j'ai travaillé avec elle, c'est peut-être le seul moment où je l'ai sentie se dévoiler. Laeticia avait passé sa vie à lutter contre son image. À faire semblant, dans un monde où rien n'est gratuit, pas même l'amitié. Pour se faire aimer, pour réussir sa vie. Pour exister à côté de Johnny, simplement exister. Laeticia, un destin à tout prix.

Table des matières

Prologue 11
1. « C'est fini. » 15
2. Monstre sacré 25
3. Le sourire de Laeticia 45
4. Chacun cherche sa place 65
5. *Good morning* Vietnam 71
6. *Lui*, Laeticia et moi 91
7. Princesse des cœurs 2.0 109
8. « C'est Johnny qui décide. » 117
9. California Love 125
10. *Fuck the cancer* 139
11. Le taulier, c'est lui 155
12. Et la Terre entière s'est couverte de brouillard 163
13. Huis clos à Marnes 173
14. « Tu as dit bonsoir à Johnny ? » 187
15. Jackie Kennedy 191
16. Dernier convoi 205
17. Renaissance 215
18. L'attentat 223
19. Juste une mise au point 237
20. Lady Laeticia 255
21. Le choc des mots 271
22. Le bûcher des vanités 277
23. Fin 283

Composition :
PRESS·PROD

Imprimé en Egedsa
Dépôt légal : novembre 2019
N° d'impression : 01
ISBN : 978-2-7499-4236-0
LAF : 2860